U0127983

江西通史

秦漢卷上冊

總序

鍾起煌

　　世界上的很多事情都是由機緣而起因執著而成，包括我們這部《江西通史》。

　　說由機緣而起，是因為這件事情的發生幾乎純屬偶然。二〇〇二年夏天，我和彭適凡、孫家驊同志談到江西悠久的歷史、談到江西輝煌的文化，因而產生了組織專家編撰《江西通史》的設想，彭、孫二位當即認為此舉當行而且可行。

　　說因執著而成，是因為一旦有這個想法，而且認為這是一件研究江西歷史、弘揚江西文化的重要工程，就決心去做。為此，我徵詢了周鑾書同志的意見，並邀請邵鴻和方志遠同志共商此事，得到他們的熱烈響應。二〇〇二年十月十八日，在江西省文物局和江西師大歷史文化與旅遊學院共同舉辦的全省文博教育成果展示與經驗交流會上，我向大會通報了編撰《江西通史》的意見，引起全體代表的熱烈反響，大家用長時間的熱烈掌聲表示支持，認為這是貫徹「三個代表」重要思想、全面挖掘和整理江西傳統文化、推進江西經濟文化建設的一大盛事。有了這個共識，十二月十三日，準備工作進入實質性階段。在我的主持下，召開了有關專家和編輯人員的聯席會議，對編撰《江西通史》的指導

思想、作者人選、工作日程、成果形式等具體問題展開了比較細緻的討論。二〇〇三年二月十五日，召開了第一次編撰工作會，《江西通史》的編撰工作就此正式啟動。

雖然說是機緣和偶然，但新的《江西通史》的編撰，實具備諸多因素和條件。

一、江西在中國歷史上具有重要的地位。根據最新的考古發現，在江西這塊土地上，人類的活動至少已有二十萬年歷史，它是中華民族發展史和古代文明發展史的重要組成部分；唐末五代以來，隨著全國經濟重心的南移，江西遂為全國經濟文化最為發達的省份之一，其物產之富、人才之眾，舉世矚目；進入二十世紀，江西又因為中央蘇區的建立而成為全國蘇維埃運動的中心。很難想像，在十分漫長的時段裡，沒有江西的中國歷史將會是什麼樣子。

二、文獻與實物資料豐富。江西既有「物華天寶、人傑地靈」之譽（唐王勃語），又素稱「文章節義」之邦（宋司馬光語）和「人文之藪」（清乾隆帝語），存世官修私撰文獻極為豐富。近年來一系列的考古發現，既可彌補文字記載之不足，更可與文

獻資料相互印證，為編撰《江西通史》提供了可供參考的實證材料和科學依據。

三、前期成果豐碩、學術隊伍整齊。老一輩的歷史學家仍然健在，他們不但學術積累深厚，而且對研究江西歷史有著強烈的責任心；中青年學者正趨成熟，他們繼承了前輩學者的嚴謹學風，又吸收了新的研究方法和研究技術，思維敏捷，勇於創新。在他們的共同努力下，這些年來已有大批高質量的有關江西歷史的學術成果問世，這些成果涉及江西歷史的方方面面，為編撰《江西通史》奠定了堅實的學術基礎。

四、政治環境寬鬆、經濟形勢發展。盛世修志是中國的傳統。改革開放以來，政通人和，國泰民安，江西經濟和全國一樣，有較快速度的發展。這為編撰《江西通史》提供了自由的學術氣氛和比較充裕的財力保證。近年來，江西的學術事業和出版事業取得了有目共睹的成就，連續獲得中宣部「五個一」工程獎和國家圖書獎、中國圖書獎，給江西文化藝術界和學術界以振奮，也引起了各兄弟省市的關注。這些成就的取得，為我們組織大規模著作的編撰工作提供了經驗。而周邊各省如湖北、湖南、浙江以及其他省市新編通史的紛紛問世，對《江西通史》的編撰是有力的推動，也提供了有益的借鑑。

五、從我個人來說，當時也恰恰能分出一些精力和時間來抓這件事情。於是儘力協調各方面的關係，為作者們、編者們排除各種障礙，以保證這項重大工程的圓滿完成。

四年來，《江西通史》的編撰工作得到了各方面的關心和支持。黃智權、吳新雄省長親自過問此事並指示有關部門給予支

持，省政協將其作為一件大的文化事業進行推動，省社聯將其列為重大科研項目，江西師大、南昌大學、省社科院、省文物局、省博物館和省考古所等有關單位也對參與編撰的專家們給予各種便利，出版部門派出了強大的編輯班子並準備了足夠的啟動和出版資金。特別要指出的是，各位作者在繁忙的教學和科研工作中，能夠將《江西通史》的寫作列入重要的工作計劃並全身心地投入。我在第一次全體編撰會議上指出，《江西通史》的編撰是一項挖掘和弘揚江西歷史文化傳統的千秋事業，希望作者和編者將其視為自己學術生涯中的事業。事實證明，作者和編者們後來都是這樣要求自己的。正是因為有了各方面的支持和全體編撰人員的共同努力，十一卷的《江西通史》才能順利地完成書稿並得到如期出版。

明代中期，隨著區域經濟文化的發展，修撰地方誌成為一大文化現象。各省、各府乃至各縣的省志、府志、縣誌大量湧現。此後遂為傳統。盛世修志也不僅僅限於修前朝歷史，更大量、更具有普遍意義的乃是修當地地方史。具有全局意義的江西省志也正是在這個時候產生的。自明中期以來，江西整體史著作已編撰過多部，其中著名的有：林庭㭿《江西通志》（37卷，明嘉靖四年），王宗沐《江西省大志》（8卷，嘉靖三十五年；萬曆二十五年陸萬垓增修），于成龍、杜果《江西通志》（54卷，清康熙二十二年），白潢、查慎行《西江志》（206卷，康熙五十九年），高其倬、謝旻《江西通志》（163卷，雍正十年），劉坤一、劉繹、趙之謙《江西通志》（180卷，光緒七年），吳宗慈、辛際周、周性初《江西通志稿》（9編，民國三十八年）。二十世紀

末，又有許懷林的《江西史稿》（1994 年，江西高校出版社），陳文華、陳榮華主編的《江西通史》（1999 年，江西人民出版社）問世。這些著作在保留江西歷史遺存、挖掘江西歷史文化方面作出了重要的貢獻。如何在充分吸取前人成果的基礎上有所發展、有所創新，是對新編《江西通史》的考驗。

為了使新的《江西通史》更具有時代特色和歷史價值，更具有劃時代的意義，我們對這部著作提出了以下的要求。

一、中國歷史是一個整體，我們在研究任何地方歷史的時候，都不能脫離這個整體。因此，正確認識各個歷史時期江西在全國政治經濟格局中的地位就顯得尤其重要，必須充分關注江西與中央、與周邊地區的關係，不溢美、不自卑，不關起門來論江西，將《江西通史》寫成一部與中華民族的整體有著血肉聯繫的江西歷史。

二、《江西通史》是系統記述和研究江西歷史的大型學術著作，由眾多學者共同參與完成。一方面，各卷是作者的個人成果，是作者最新研究成果的結晶，可以也應該有自己的風格和特色，所以希望作者精益求精，使其成為各自領域的學術精品。另一方面，甚至更為重要的是，它又必須是一個整體，是一部「通史」，所以全書十一卷必須有統一的體例和統一的要求，在文風上一定要力求簡潔、明快。各卷作者務必服從整體、服從大局，使自己的作品成為整個《江西通史》的有機組成部分。

三、《江西通史》必須是一部真實、動態、有可讀性的信史。所謂真實，是指史料翔實、言必有據。此「據」是經過考證後認為合理的，否則，「盡信書則不如無書」（孟子語）。這就需

要每個作者既盡可能地系統爬梳和挖掘史料，又謹慎辨析和使用史料。所謂動態，是指用發展的眼光看問題，既將問題放在特定的歷史背景之下，又特別關注它的演進過程，因為即使是同一件事物，其狀態和作用也是隨著時間的推移和社會的變遷而變化的。這就需要每個作者以歷史唯物主義和辯證唯物主義的觀點和方法去闡釋歷史、去探討歷史演進的規律。所謂有可讀性，是指應該用流暢的文字、敘述的方法寫作，展示的是作者的觀點和結論，而不是考辨的過程，它的體例是史書而不是論文。無圖不成書。圖文並茂是中國出版物的優良傳統和重要特點，《江西通史》應該在盡可能的情況下，收集能夠說明江西歷史各階段各方面狀況的歷史圖片，以加強其歷史感和可信度，同時也使其更具有可讀性。

四、以人為本，以民為本，以基層社會為本。所謂以人為本，指的是要寫成人的歷史，以人的活動為描述對象，即使是制度、習俗，也應盡可能地有人的活動。所謂以民為本，指的是盡可能地站在大眾的立場上來敘述歷史、看待歷史，更多地敘述大眾的活動。所謂以基層為本，是因為地方史本身就是基層乃至底層的歷史，要盡可能地揭示基層組織和底層社會的活動狀況。在此基礎上，充分重視統治者和社會菁英對社會的主導作用，重視自然環境、人文環境，特別是包括傳統價值觀念和現實政治制度等在內的上層建築對個人、對大眾、對底層的影響和制約作用，寫成一部上層建築與經濟基礎互動、國家權力與基層社會互動、社會菁英與人民大眾互動的歷史。

十一卷本《江西通史》即將付梓，我們希望它的出版能夠成

為江西歷史研究的新的里程碑、能夠成為江西文化史上的一大盛事。當然，能否達到這個目標，還要由讀者和歷史來檢驗。

引言

西元前二百二十一年，秦國大軍以摧枯拉朽之勢突入齊都臨
淄，迫降齊王田建，結束了春秋戰國長達五百五十年列國紛爭的
分裂割據狀態。中國歷史從此進入了空前統一的秦漢時代。

秦漢共歷四百四十一年，包括了三個前後相繼的統一王朝：
秦朝、西漢、東漢。兩漢之際，還一度出現過由外戚王莽建立的
新朝[1]和由綠林軍擁立的更始政權。

秦朝是一個繼往開來的朝代。「繼往」是說秦作為正式的諸
侯國，早在東周初年平王東遷時就已經出現，她既有華夏血統，
又與西戎雜處，既能吸收中原先進政治、經濟、文化之長處，又
不受其傳統禮教之束縛，遂由一個西陲小國逐漸發展壯大，直至
橫掃六國統一天下。「開來」是說秦始皇在短短十幾年時間內，
締造了一個令世人矚目的統一的、多民族的、中央集權的東方大

1　王莽篡漢後建立的新朝（西元 8-23 年），不僅未能創「新」，反而因
　　託古改制的失敗而激化了社會矛盾，招致各方反對而迅速敗亡。故學
　　界一般視之為西漢後期帝國頹勢的延續，不將其單獨列為朝代。

帝國，他開創的一套全新的政治制度，包括皇帝制度、三公九卿制度、郡縣制度以及基層鄉里什伍制度，奠定了中國兩千多年帝制時代政治制度的基礎。雖然因其貪權暴戾，賦役繁重，刑法苛殘，招致四方反叛而迅速滅亡，自漢以後歷朝歷代也都斥之以暴君、獨夫、民賊，但直至一九一一年清帝被迫退位，沒有一個君主願意把秦始皇創造的「皇帝」稱號去掉。

秦朝被推翻後，曾經同是反秦領袖的項羽和劉邦，為爭奪最高統治權，進行了長達四年的楚漢戰爭，最終以劉邦的勝利而告終。漢高祖五年（前 202 年），劉邦在眾臣一再請求下，半推半就地登上了皇帝寶座，定都長安（今陝西西安西北），史稱西漢或前漢。

西漢可分為前、中、後三個時期：（1）西漢前期（前 202-前 141 年），自高祖至景帝，是西漢國家機器重建、社會經濟和國力恢復的時期；（2）西漢中期（前 140-前 75 年），歷武、昭、宣三代，是西漢極盛時期；（3）西漢後期（前 74-公元 23 年），從元帝到王莽，是西漢逐漸衰亡時期。

西漢初年，一方面，以黃老「無為而治」思想作指導，實行「與民休息」的政策，致力於發展社會經濟，穩定社會秩序；政治上基本承襲秦制，「蕭規曹隨」，一切去繁就簡。另一方面，劉邦在總結秦亡教訓時產生嚴重失誤，翦除異姓諸侯王的同時，又先後分封了一批同姓諸侯王。文景時，同姓諸侯王勢力惡性膨脹，終於釀成「吳楚七國之亂」。叛亂被平定後，景帝、武帝降

低了王國的地位，使郡國並行制名副其實。[2]漢武帝親政後，「罷黜百家，獨尊儒術」，採取強而有力的措施強化專制主義中央集權。擊匈奴、平兩越、通西域，奠定了疆域遼闊的統一多民族國家的版圖。雖因連年征戰導致「海內虛耗，戶口減半」，但武帝晚年下罪已詔，糾正了政策偏差，再經昭、宣兩代努力，社會重趨穩定。元、成以降，西漢王朝逐漸衰落，因豪族兼併造成的土地集中、農民奴婢化問題日益嚴重，社會矛盾尖銳，外戚王莽趁機奪權，於西元九年建立「新」朝。王莽試圖通過改制來緩解社會危機，但因其措施不當反而激化了社會矛盾，使其新朝在綠林、赤眉軍的打擊下，迅速滅亡。

新莽敗亡後，群雄並起，全國陷於割據混戰。漢宗室後裔劉秀逐漸掌控局面，並次第削平群雄，於西元二十五年重建漢朝，因定都洛陽（今河南洛陽東），史稱東漢或後漢。

東漢一般分為兩個時期：（1）東漢前期（西元 25-88 年），歷光武、明、章三帝，是社會經濟恢復發展、集權政治進一步強化時期；（2）東漢後期（西元 89-220 年），自和帝至獻帝，是皇權旁落、緩慢衰落直至名存實亡時期。

光武帝劉秀奉行「柔道」治國思想，偃武修文，致力於發展經濟，強化中央集權，至明、章兩代，國力穩步上升，和帝初，達到極點。其標誌性事件是，漢軍大舉出擊北匈奴並將其徹底逐

2　參閱嚴耕望《中國地方行政制度史》（甲部），《秦漢地方行政制度》，台北中央研究院歷史語言研究所一九九七年版，第 35 頁。

出漠北，但這已是強弩之末。此後皇帝一個接一個地早立和早夭，使得皇權旁落，外戚、宦官交替擅權，政治陷於黑暗，中央統治力削弱，內不能抑制豪族兼併和州郡勢力的擴張，外無法制止鮮卑的襲擾和西羌的反抗，民族矛盾尖銳，階級矛盾激化，終於導致黃巾大起義。利用鎮壓起義之機擴充實力的各州郡長官和地方豪族，紛紛擁兵割據，中央對地方完全失控，軍閥混戰全面爆發。獻帝建安元年（196 年），頗具遠見卓識的曹操捷足先登，將漢獻帝劫往許昌。建安五年（200 年）經官渡之戰擊垮袁紹，統一北方。延康元年（220 年），其子曹丕廢獻帝自立，東漢正式宣告滅亡。

對於秦漢史的斷代，上限無異議，定在秦滅六國的西元前二百二十一年。但對下限的劃定，長期以來學界並不一致，有一百八十九年（董卓進京，立劉協為傀儡皇帝，即漢獻帝）、一百九十六年（曹操挾持獻帝）、二百〇八年（赤壁之戰，三國鼎立局勢奠定）、二百二十年（東漢王朝正式終結）等多種不同劃分。本卷論述的是秦漢時期江西歷史，時間上將以二百二十年作為結束的標誌性年份。因為，雖然一八九年後東漢已名存實亡，但在曹魏代漢前，各股勢力都未拋開漢的旗號，相互爭戰也無不假借漢室正統之名。從涉足豫章的幾股勢力看，除袁術一度僭號瞬間敗亡外，揚州刺史劉繇、豫章太守華歆、討虜將軍孫策等無不領受漢朝官號。這樣斷限肯定會使得本卷某些內容與魏晉南北朝卷重疊，但從當時江西的實際情況及本卷的完整性看是必要的。

秦漢時期的江西，經過了一個無郡級機構到有郡級機構，再到郡級機構擴展的變遷過程。就此而言，秦代是承前啟後的過渡

階段。秦統一前，江西長期處在「吳頭楚尾」的中間地帶，史書中只留下「艾」「番」兩個難以斷定是否縣邑的地名。楚滅越後，江西地屬荊楚，但依然是不受楚國重視的邊緣地區，直到秦滅六國後，今江西省境的輪廓才隱約顯現出來。當時的江西屬於治所設在淮水南岸壽春（今安徽壽春）的九江郡，雖然對於當時江西境內究竟設有幾縣，後人作過種種猜測，多者十縣，少者三五縣，譚其驤在其主編的《中國歷史地圖集》第二冊「淮漢以南諸郡」裡非常謹慎地標有「番」和「廬陵」兩縣，但真正可考或推斷的只有番、艾及余汗、南幾縣。這多少會使人感到沮喪，難道占有九江郡絕大部分的江西地區只有二到四個縣？其實這並不奇怪，與江西相鄰的福建省，是兩漢會稽郡面積最大的部分，然直至東漢也還只有一個東冶縣（今福建福州）。秦漢設縣並非看土地廣袤，而是依戶口眾寡，元始二年（西元 2 年），轄有十八縣的豫章郡在籍人口才三十五萬多人，秦時江西能有多少戶口呢？所以說，當時的江西處在一個短期的過渡階段，這個階段雖然只有十五年，但江西地區還是發生了較大變化。

史書記載秦朝的管轄範圍是：「地東至海暨朝鮮，西至臨洮、羌中，南至北向戶，北據河為塞，並陰山至遼東。」[3]這是秦在兼併六國後通過北逐匈奴、南攻百越戰爭最終形成的疆域。用兵百越前，江西的「邊緣」地位仍未改變；征服百越後，江西

3　《史記》卷六《秦始皇本紀》。「北向戶」，秦時泛指嶺南今廣東、廣西至越南北部地區。

即成為「內地」了。

其次，秦征百越時，發兵五十萬分五路南下，其中有兩路分別屯駐於江西境內餘汗和南（今南康市南大庾嶺）。故《淮南子》稱：「秦之時……丁壯丈夫，西至臨洮、狄道，東至會稽、浮石，南至豫章、桂林，北至飛狐、陽原，道路死人以溝量。」[4]其中「南至豫章、桂林」顯然是指戍守或轉運軍需物資於漢時豫章境內。可見，江西的邊防戰略地位及其通往嶺南和閩中的交通地位已凸顯出來。

至西漢，豫章郡設立，轄十八縣，使今天江西省區的規模初步奠定。東漢期間，郡縣機構不斷增多，由二十一縣到二十六縣（含侯國），又由一郡二十六縣到三郡三十五縣。這自然是當時江西經濟開發、人口增長、政治地位上升的結果。然而，兩漢史書中涉及豫章的記載太少太零散了。筆者收集材料時，曾檢索電子版《漢書》和《後漢書》「豫章」詞條，結果發現前者出現四十三次，後者五十五次，基本與豫章郡地位逐步上升保持一致。又檢索左右鄰郡「會稽」和「長沙」，結果分別為會稽七十九次和一百一十五次，長沙一百五十八次和八十四次，都遠遠超過豫章。這些數字當然不足以說明實質性問題，但起碼表明兩漢書中涉及這兩郡的人和事要比豫章豐富得多。於是，在史籍中爬來梳去的結果，看到的似乎又是秦征百越的翻版——漢武帝平定南越和閩越。不過，在這次大規模用兵兩越中，豫章郡的軍事地位進

4　《淮南子》卷一三《氾論訓》。

一步上升，不僅是通往兩越的交通要道、軍隊集結和補給之地，還是與閩越交戰的前沿陣地。故清人王謨曰：「蓋秦漢之世，豫章尚為邊郡，而漢制羈縻蠻越，多在此處。」[5]當然，如果將「秦漢之世」改為「秦與漢初」應該更為貼切，因為兩越滅亡後，豫章邊郡的地位就不復存在了。此後至東漢，在三百多年漫長歲月裡，豫章似乎又「沉睡」了，直到東漢末年的軍閥混戰才把它從「夢」中驚醒。

豫章郡人口的增長是秦漢江西史上最炫目的一個方面。東漢順帝永平五年（140 年）的戶口統計數字是戶四十萬六千四百九十六，口一百六十六萬八千九百〇六，分別比西漢元始二年（西元 2 年）統計的戶六萬七千四百六十二，口三十五萬一千九百六十五，增長六點〇二倍和三〇七四倍，人口數在揚州排名第一、全國第四，體現了較高的發展水平。在全國人口統計數字普遍下降的情況下，豫章人口逆勢而漲，自然與發達地區豪族勢力膨脹、隱匿人口現象嚴重，從而導致許多郡國戶口統計失實密切相關，但豫章郡本身的經濟發展應是主要原因。

當時江西的經濟，正如司馬遷在描述江南經濟生活時所說：

衡山、九江、江南、豫章、長沙，是南楚也……楚越之地，地廣人希，飯稻羹魚，或火耕而水耨，果隋蠃蛤，不待賈而足，地埶饒食，無饑饉之患，以故呰窳偷生，無積聚而多貧。是故

5　〔清〕王謨：《江西考古錄・郡邑・新淦》，北京出版社二千年版。

江、淮以南，無凍餓之人，亦無千金之家。**6**

這段不足百字的記述包含了江南農業經濟、社會生活及風俗的各項內容，成為本卷討論經濟問題的立論依據。綜合一些零碎、間接的文獻材料，藉助考古成果，得出的結論是，秦漢時期，江西地區雖然還相對落後，但鐵器在逐漸普及，牛耕技術也在逐漸推廣，使以稻作為主的農業經濟加速發展，安帝永初元年（107 年）和七年（113 年），連續兩次調運包括豫章在內的南方諸郡租米，賑濟北方災民，**7**便說明了豫章郡糧食地位的上升。與此相適應，手工業和商品交換也有一定發展，從大量出土的文物及零星記載來看，銅器、鐵器鑄造業、陶瓷燒造業、玉石雕琢、漆器製作、建築、造船等手工業技術都有較高水平。

在人文和風俗方面，自秦開始，出現了一批當時影響頗大的的歷史人物，秦代番令吳芮響應陳勝、吳廣，「率百越佐諸侯從入關」，漢初受封為長沙王。西漢後期，南昌尉梅福，雖非豫章籍人，卻因朝廷腐敗多次上書指陳未果後，辭職隱居於當地，備受後人敬仰。其後豫章才俊更是不斷湧現，何湯、程曾、唐檀、徐稚、陳重、雷義等因品行、才學聞名於世，其中徐稚（字孺子）更受世人推崇，「人傑地靈，徐孺下陳蕃之榻」歷代傳為佳話。雖然秦漢時期，江西尚屬於欠發達地區，東漢後期還被稱為

6　《史記》卷一二九《貨殖列傳》。
7　《後漢書》卷石《女帝紀》。

「江南卑薄之域」[8]，豫章人物初登歷史舞台，其影響及地位遠不如中原地區，與鄰郡會稽、江夏等也還有一定距離，但與先秦相比，畢竟告別了人文空白的歷史，對後世人文風格帶來較大影響。

先秦時期的江西主要是干越居住地，所謂「揚漢之南，百越之際」[9]。秦漢時期，隨著統一王朝的建立和鞏固，江西逐漸由邊緣而內化。從民族成分看，經過了一個以越族為主到漢越平衡，再到漢族為主的動態演變過程。所以，其社會風俗亦呈現出多樣化和複雜化傾向，既保留著楚越族系固有的傳統風俗，所謂「衡山、九江、江南、豫章、長沙，是南楚也，其俗大類西楚……與閩中、干越雜俗，故南楚好辭，巧說少信」，而西楚「其俗剽輕，易發怒，地薄，寡於積聚」[10]。又吸收、摻雜著其他各種文化，是巫風盛行的「淫祀」區域之一。由於江西頗為獨特的地理位置，處在荊楚文化、吳越文化、巴蜀文化、嶺南文化、中原文化傳播融匯之地，使它較早地形成了中國特色的地域文化——儒、道、佛三家融匯的最早的地區之一，卻依然留存著濃郁的巫鬼崇拜。因此，巫鬼、佛、道精神在贛地瀰漫傳播，相互作用，綜合影響，深入贛民之心，對後世風俗影響巨大。

8　《後漢書》卷五二《徐稚傳》。
9　《呂氏春秋·恃君覽》。
10　《史記》卷一二九《貨殖列傳》。

　　秦漢是中國封建帝制時代的第一個時期，因開創統一多民族國家之格局，奠定封建帝制政治體制之根基，而在中國歷史上占有重要地位。對於秦漢史的研究，主要依據的文獻資料是被稱為「前四史」的紀傳體史書：《史記》《漢書》《後漢書》《三國志》，及編年體史書《漢紀》《後漢紀》《資治通鑑》，再輔之以漢晉時代的各類文獻古籍。但研究者往往感慨於材料的缺乏，使很多問題的研究難以深入下去。至於有關當時江西的史料更是少而又少，存在的空白點實在太多。

　　因而，文獻資料的缺失和考古資料的單薄，是我們碰到的最大難題。與其他各卷相比較，本卷編寫中遭遇的尷尬是，既不像先秦卷文字記載幾乎空白，卻有厚實的考古資料苦苦支撐，萬年仙人洞遺址、樟樹吳城文化、新干大洋洲青銅文化、贛東崖葬文化等，都是舉世矚目的考古成果；又不如魏晉以後特別是唐宋以後各卷，常為材料取捨而犯愁。秦漢江西史的資料可用三點來概括：（1）漢晉時期史料最為可靠，但少且零散，無以成體系。晉末宋初南昌人雷次宗的《豫章記》，是最早、最系統、較可靠的江西史志文獻，可惜散佚已久，僅能從其他典籍中找到零星文字。（2）兩宋以後有關史料似乎多了，〔明〕郭子章《豫章書》一百二十二卷、〔清〕陳宏緒《江城名蹟記》二卷以及明清各版本《江西通志》，還有各地府志、縣誌、譜牒等，皆有大量涉及秦漢江西的材料。但利用價值極低，不是照抄正史，便是來源不明，更有虛飾、改竄者。如雍正《江西通志・人物・饒州府》載陳靖和張遇事蹟，註明出自《豫章書》，而《豫章書》本身記事就繁冗雜亂，難究其源，何以為據？又同書《人物・南昌府》載

羊茂傳，將謝承《後漢書》中羊定的事蹟併入其中，[11]等等。（3）上世紀五六十年代以來，江西秦漢考古取得了很大成就，漢代墓葬發掘不少，彌補了一些文獻記載的不足。但總體而言，出土文物較少，缺乏具有本地特色、帶有標誌性的考古成果。由於秦漢江西史料的這些特點，我們在編寫本卷時只能勉為其難、盡力而為，留下的諸多不足乃至空白點，唯有待更多的地下材料面世後由來者去完成。

11　周天游已指陳其謬並予以糾正，見《八家後漢書輯注・謝承後漢書卷第六・羊茂傳》，上詢古籍出版社一九八六年版，第一百九十九頁。

目錄

第三章｜秦漢時期江西的經濟（上）

第一章——

秦朝對江西的統治

西元前二百二十一到西元前二百○七年，江西地區處在中國第一個統一王朝——秦的統治之下。秦朝存在的時間雖然短暫，但在政治、經濟、軍事、文化方面的舉措影響深遠，統一文字、貨幣、度量衡，全面推行郡縣制，北逐匈奴、南併「百越」，拆險阻、修馳道……正所謂「平定天下，海內為郡縣，法令由一統。自上古以來未嘗有，五帝所不及！」[1]在這個短暫而統一的大帝國裡，尚未設郡的江西地區依然處於待開發階段，除今贛北有個別縣級行政機構外，大部分地區特別是贛南一帶在政治上還是一片「荒涼」，直至秦始皇二十八年（前 219 年）秦兵分五路南攻「百越」時，人們才發現這裡有一條通向嶺南的交通要道，大概正是依託著這條以贛江河水為主的交通要道，江西才逐漸被當時人們所認識。

秦朝還沒來得及在新併土地上建立有效的統治，便因橫徵暴斂而被反秦勢力迅速推翻。所以，秦代歷史，在江西地區留下來的事蹟多與軍事有關：秦南征越族與英布、吳芮反秦鬥爭。然而，在江西發展史上這是一個轉折，一個新的開端。

第一節 ▶ 江西地區短暫統治的確立

在距今二千多年前，當絕大部分地區尚處於「蠻荒」狀態的江西還鮮為人知的時候，中國大地正醞釀著一場重大變局。持續

1　《史記》卷六《秦始皇本紀》。

不斷的七國兼併戰爭逐漸演變成為統一戰爭，崛起於中國西部邊陲的秦國後來居上，奏響了統一全國的進行曲。素有「吳頭楚尾」之說的江西地區終於獲得了一次發展的契機。

一　秦滅六國與郡縣設置

秦國自孝公時期（前 361-前 338 年）商鞅變法後，獎勵耕戰、富國強兵的國家政策持久穩定，逐漸形成「席捲天下，包舉宇內，囊括四海之意，併吞八荒之心」[2]，向東擴張的戰略目標明確不變，始終保持著向上發展的趨勢。秦昭襄王時（前 306-前 251 年），范雎的「遠交近攻」外交政策、「毋獨攻其地而攻其人」的戰爭策略與白起的殲滅戰實踐完美地配合，特別是秦、趙之間展開的長平之戰，把戰國時期的兼併、統一戰爭推向高潮。至秦王政時，「秦地已併巴、蜀、漢中，越宛有郢，置南郡矣；北收上郡以東，有河東、太原、上黨郡；東至榮陽，滅二周，置三川郡」[3]，秦滅六國的條件已完全成熟。

秦王嬴政親政後，隨即揮戈東進，拉開了統一戰爭的序幕。由於國力強盛，準備充分，決策正確，秦國的統一戰爭進展順利，自秦王政十七年（前 230 年）徹底打敗韓國，俘虜韓王安後，幾乎每年消滅一個諸侯國：

秦王政十八年（前 229 年），滅趙；

2　〔漢〕賈誼：《新書》卷第一《過秦上》。
3　《史記》卷六《秦始皇本紀》。

秦王政二十二年（前 225 年），滅魏；

秦王政二十四年（前 223 年），滅楚；

秦王政二十五年（前 222 年），滅燕；

秦王政二十六年（前 221 年），滅齊。

齊國的滅亡，宣告了諸侯割據稱雄時代的終結和統一的多民族國家秦朝的建立。江西地區也隨著楚國的滅亡而征百越後逐漸併入秦的版圖。

全國統一後，秦王嬴政按照韓非子「政在四方，要在中央，聖人執要，四方來效」[4]的專制主義中央集權思想來建構他的理想王國，在確定國君尊號，自稱「始皇帝」，改組中央機構，首創三公九卿制的同時，廢除周代的分封制度，全面推行郡縣制。

郡、縣是在「禮崩樂壞」的春秋戰國時代出現的，早在三家分晉過程中，趙鞅就曾在作戰前線宣佈誓詞說：「克敵者，上大夫受縣，下大夫受郡，士田十萬，庶人、工、商遂，人臣隸圉免。」[5]戰國變法運動後，各諸侯國程度不一地用郡縣制取代了原來的分封制，與之相適應，由中央任命的地方長官——郡守、縣令（長），也取代了分封制下世卿世祿的大小封君。秦併六國後，秦始皇下令，把這套全新的制度定為唯一的地方行政制度，在全國範圍內實行。

4　《韓非子》第八《揚權》。

5　《左傳・哀公二年》。按：春秋後期郡、縣剛產住時，縣一般設在國內經濟發達區，而郡多設在邊地或新占領區，故縣的地位高於郡。

先秦時期，即使到了春秋戰國時代，江西這片土地在人們眼裡還沒有一個完整的概念，由於遠離當時一致認同的政治中心——中原地區，又長期分屬楚國和吳國（後為越國）領地，處於兩國交界地帶，因而便有了所謂「吳頭楚尾」或「楚尾吳頭」的說法，這也是江西在考古上雖然發現過仙人洞文化、吳城文化、大洋洲青銅文化，而在文獻記載方面卻幾乎一片空白的原因。這種狀況直到秦始皇統一中國、全面推行郡縣制時才被徹底打破。

據記載，秦在統一之初，即沿襲秦國和各諸侯國原置郡縣，「分天下以為三十六郡」[6]，後隨著邊境的開發和郡治的調整，逐步增加到四十八個。[7]其中，郡治設在壽春（今安徽壽縣）的九江郡，轄境相當於今安徽、河南淮河以南、湖北黃岡以東和江西的贛北、贛中、贛南地區。今贛西一帶包括萍鄉、宜春等地則由長沙郡管轄。至此，應該說江西這塊在春秋戰國時期仍處於諸侯國邊緣地區的「蠻荒」之地，才算確立了較明確的行政區劃，納入了秦朝統治的版圖。

二　九江郡的設立與江西境內置縣情況

從譚其驤《中國歷史地圖集》秦「淮漢以南諸郡」圖看（圖

6　《史記》卷六《秦始皇本紀》。

7　見譚其倴撰《中國大百科全書·中國歷史·秦漢史》「秦郡」，中國大百科全書出版社一九八六年版，第 129-131 頁。另見周振鶴編著《漢書地理志匯釋》，安徽教育出版社二〇〇六年版，第 490 頁。

1-1），秦代九江郡境自北向南呈不規則條形狀，南北相距較遠（直線距離約有 1000 公里），而東西方向除中部（今贛北、贛中）稍寬外，其他地域相對較窄（最窄處相距不到 100 公里）。其轄境範圍雖涉及今安徽、江西、河南、湖北四省，但以安徽、江西為主。今安徽淮河以南、長江以北地區是全郡政治、經濟中心，除位於北端郡界附近的壽春（今安徽壽縣）是郡治所在地外，集中了全郡十個縣中的八縣：歷陽（今安徽和縣）、東城（今安徽定遠東南）、陰陵（今安徽定遠西北）、鍾離（今安徽鳳陽東北）、曲陽（今安徽淮南市東）、安豐（今河南固始東南）、六縣（今安徽六安東北）、居巢（今安徽巢縣東北）。這裡是秦代較為發達的地區，但面積不大，約占全郡的五分之一，其餘五分之四土地基本都在今江西省境內。因而就地域廣袤而論，江西是秦代九江郡的主體部分。今江西的贛北、贛東北、贛中、贛南都劃歸九江郡管轄，而贛西的萍鄉、宜春大部則劃歸長沙郡管轄。在這樣一個行政區劃中，我們同時也注意到，在這片廣闊的土地上，《中國歷史地圖集》秦「淮漢以南諸郡」圖中標示的縣級單位只有二個，即位於贛北彭蠡澤（今鄱陽湖前身）流域的番陽（今江西鄱陽東北）和位於江西中西部贛江流域的盧陵（今江西泰和西北）。另有邑聚二個：余汗（干）（今江西餘幹）和南壄（野）（今江西南康）[8]。

8　參見譚其驤主編：《中國歷史地圖集》第二冊，中國地圖出版社一九八二年版。

圖 1-1　秦九江郡示意圖[9]

9　據譚其驤《中國歷史地圖集》第二冊「秦『淮漢以南諸郡』」修改。

關於秦代江西境內設縣問題，因史載不明，至今難以定論。但一個地區縣級機構的設置及其數量的多寡，往往反映了該地區社會經濟、文化發展的水平及其在全國的政治地位，因而秦代江西縣置問題又是江西歷史研究中難以繞過的重要問題。但因材料簡缺，論者莫衷一是，民國以來具有代表性的意見主要有：

（1）吳宗慈《江西古今政治地理沿革圖・漢前江西地理沿革圖》標示秦代江西設有鄱陽、余汗、艾、新淦、安平、廬陵、南壄七個縣級單位。

（2）譚其驤《中國歷史地圖集》第二冊秦「淮漢以南諸郡」標示江西境內設有番陽和廬陵二縣。

（3）許懷林認為：「秦時江西境內的縣治，承前的是番、艾，新立的可能還有餘汗、南壄（野）、廬陵、安平、新淦。但還有些疑點未能解決……尚待考證。」[10]《江西通史》基本沿用該說，認為秦至少在江西境內設立了艾縣和番縣，而對於該說中存疑未決的余汗、南壄、廬陵等縣採取了迴避的態度。[11]

還有研究者認為秦代江西已設有十個縣，是為艾縣、鄱陽縣、彭澤縣、余汗縣、廬陵縣、安平縣、新淦縣、宜春縣、贛縣和南壄縣。[12]

10　許懷林：《江西史稿》，江西高校出版社一九九三年版，第21頁。
11　陳文華、陳榮華主編：《江西通史》，江西人民出版社一九九九年版，第95頁。
12　肖華忠：《秦代江西開發及其縣趾之蠡測》，載《秦漢史論叢》第六輯，江西教育出版社一九九四年版。

上述諸說自然各有其理由，但除番、艾及余汗、南壄能夠在漢晉文獻中找到直接或推斷的依據外，其他幾縣皆難究其源，可能多襲自明、清《江西通志》及元、明、清各代《一統志》。

考察秦漢史料，最無疑義的是番縣。較早投入反秦戰爭、後被封為長沙王的吳芮就曾任秦朝番縣縣令。[13]番即漢代鄱陽（今江西鄱陽東北），春秋晚期就已出現，史載：吳王闔閭十一年（前 504 年），「使太子夫差伐楚，取番」[14]。番可能是江西境內開發最早的城邑之一，這裡瀕臨彭蠡澤、餘水（今信江），土地肥沃，水運交通便利，因而吳楚會爭奪此地而秦亦在此設縣。

艾是今江西修水的古稱，漢初為豫章十八縣之一，秦史未見其名，但《左傳》哀公二十年（前 475 年）有「吳公子慶忌驟諫吳子（夫差），曰：『不改必亡。』勿聽。出居於艾」的記載。杜預注曰：「艾，吳邑，豫章有艾縣。」[15]顯然，慶忌因與獨裁、霸道的父親吳王夫差政見不合，既不願親眼目睹吳國敗亡，又不願被不忠不孝之名所累，乃決定遠離吳都，避居深山，因而選擇較為偏僻的艾為隱居之地。從地理位置看，艾在番以西，應是西元前五百〇四年吳國占領番之後又奪取的一楚國城邑。既是新占

13　《漢書》卷三四《吳芮傳》。

14　《史記》卷三一《吳太伯世家》。另見同書卷四〇《楚世家》、卷六六《伍子胥列傳》。《史記》正義：「番，又音婆。《括地誌》云：『饒州鄱陽縣，春秋時為楚東境，秦為番縣，屈九江郡，漢為鄱陽縣也。』」

15　楊伯峻編著：《春秋左傳注》第四冊，中華書局一九八一年版，第1717 頁。

之地，又屬邊境地帶，則艾在當時設縣的可能性較小，因為春秋時期郡縣制尚處於萌芽階段，縣的地位高於郡且多設在內地富庶地區，如前所述，韓、趙、魏三家分晉期間，趙氏首領趙鞅為激勵士氣曾發布誓詞說：「克敵者，上大夫受縣，下大夫受郡，士田十萬，庶人、工、商遂，人臣隸圉免。」[16]所以，杜預注「艾」只稱「吳邑」而不稱「吳縣」或「吳縣邑」。杜注接下來又說設置於漢初的「豫章有艾縣」而不提秦代設縣，則又說明在他之前沒有關於秦設艾縣的文字記載。當然，艾畢竟曾是吳國王子居住過的城邑，在人口規模、基礎設施建設等方面，應該逐步具備了地方性軍事、行政中心的條件，即使在楚吳、楚越先後對峙的春秋戰國之際尚未設縣，楚滅越後，為加強對江西地區尤其是百越族的控制，置艾為縣而後又被秦所承襲，是完全可能的。

關於余汗、南壄是否置縣問題，因無直接記載，也很難確定。秦南征百越時，曾調發五十萬大軍分屯多個戰略要地，其中有兩處在今江西境內，即南壄和餘汗，所謂「一軍守南壄之界，一軍結餘汗之水」（詳後說）。後人大概是根據這一材料而認定秦朝已設置南壄縣和余汗縣的。其實，這兩地僅僅是當時秦朝邊境地區集結軍隊的地點，起碼在西元前二一四年秦平百越前是如此，換言之，在南征百越期間，秦對江西的有效統治範圍主要在贛北，對贛東和贛中以南地區的控制一般採用設點駐軍、武力震懾的方式進行。這種點狀控製為日後縣級機構的設立創造了條

16　《左傳・哀公二年》。

件。也許隨著百越戰事件的結束，余汗、南壄逐漸納入了郡縣系統，但這只是一種推測。至於後人提及的其他幾縣如彭澤、盧陵、安平、新淦、宜春、贛縣等，因無可信史料偵辨，在此暫且存疑。

總之，在秦朝短暫的十五年統治期間，江西地區雖已納入九江郡的管轄範圍，但除贛北以外，大部分地區尚在秦朝郡縣直接控制之外，設縣數只有二到四個。這一結論多少使人難以接受，卻是符合當時實際情況的。

首先，秦漢時期設不設縣，主要依據的是所謂「歸化」人口的多少，而非土地廣袤，秦代江西大部分地區屬越、蠻之地，雖已有不少人口，但大多還未成為國家編戶，即使在征服百越之後，也還有一個逐步同化的過程。在這種狀況下，對一些人口分散的偏遠地區只能暫派軍隊控制，這從秦始皇一再「以適（謫）遣戍」[17]嶺南可以看出。

其次，當時設縣稀少的地區並非江西一處，秦征百越期間就已設郡管理的閩中，幾乎包括了今整個福建省境，但直到東漢也還只設一個東冶縣（今福建福州），原因就在於，漢武帝平定閩越（《漢書》作「粵」）後，「詔軍吏皆將其民徙處江淮之間」[18]使閩中地區人口大減。秦漢縣級長官「萬戶以上為令，萬戶以下

17　《史記》卷六《秦始皇本紀》。
18　《漢書》卷九五《閩粵傳》。

為長」[19]的制度，也說明當時在置縣問題上更看重人口數量而非土地面積。

因而，就目前所能掌握的材料來看，比較合理的解釋應該是，秦統一百越（前 214 年）前，九江郡的南境只限於贛中以北，之後，贛東、贛南等越人活動區仍然以設軍事據點為主，在一些要害之地繼續派軍屯守。至於縣級機構的增置，也許正在籌備之中，只是秦朝的滅亡來得太快了，以至沒有留下文字材料。

此外，值得一提的是，宋元以後的文獻中留下了一些關於秦人為避暴政而躲入江西山區的傳說，如：

吉州山，在府城北一百八十里，其上居民數千家，相傳秦時移此。[20]

秦人峰，在麻姑山西南，與桃源相值，舊傳秦人避亂於此，後有樵者見之，面黧黑，追之則疾如飛鳥。[21]

這些材料說明，秦時江西的大片地區還比較偏僻，雖然已納入秦朝的地方行政區劃，但今贛中以南的大部分地區尚處在「無政府」狀態，嚴密的政區管理尚未建立，縣級機構寥寥無幾，人

19　《後漢書志》第二八《百官五》注引應劭《漢官》曰。

20　雍正《江西通志》卷七。《明一統志》卷四九：「吉州山，在府城北一百八十里，其上居民數千家，相傳秦時移此。」

21　雍正《江西通志》卷十。《明一統志》卷五三：「秦人峰，在麻姑山西南，相傳昔秦人逃難於此，後有樵者見之，面黎黑，迫之則疾如飛鳥。」

們尚未納入秦之編戶系統，以致成為人們躲避苛政亂世的理想去
處。東晉江西人陶淵明（籍貫今九江，一說今宜豐）虛構的《桃
花源記》應是取材於這些傳說。當然，即使秦朝在江西境內只設
置了三個左右的縣，對江西歷史的發展來說也是一個重大的突
破。

三　秦征「百越」與江西開發

秦朝是中國統一多民族國家的初創時期，秦始皇二十六年
（前 221 年）雖用武力掃平六國，但版圖並未形成，直到秦始皇
三十三年（前 214 年）南定「百越」、北逐匈奴後，秦朝版圖才
最終形成。其中對「百越」的用兵，早在秦始皇二十五年（前
222 年）就已拉開序幕，史稱，老將王翦率秦軍滅亡楚國之後，
隨即「因南征百越之君」[22]，也許因當時燕、齊尚未平定，牽制
了秦軍的進一步行動，或因百越之地水網密佈、地形複雜，以擅
長陸地作戰的北方人為主幹的秦軍準備尚不充分，「南征百越之
君」的活動並未持續下去，史書亦未明載。

所謂「百越」，乃是對分布於今浙、閩、贛、粵、桂及蘇
南、皖南、湘南和越南北部地區古越族的泛稱，應包括了先秦時
代的「揚越」和「干越」。《呂氏春秋‧恃君覽》稱：「揚漢之南，
百越之際。」其中曾在先秦時期以今浙江紹興為中心建立越國的
干越，自周赧王九年（前 306 年）楚滅越，至秦始皇二十五年

22　《史記》卷七三《白起王翦列傳》。

（前 222 年）秦滅楚，先後歸併楚、秦統治。其餘越人依然比較分散，「自交趾至會稽七八千里，百越雜處，各有種姓」**23**。其分支主要有：居住在今浙江境內和江西東部、以溫州一帶為中心的東越（或稱東甌、甌越）；以今福建福州一帶為中心的閩越；分布於今廣東、廣西和越南北部的南越和西甌（圖 1-2）。百越有著與中原地區明顯不同的文化特徵，其族屬眾多，分布廣泛，互不統屬，各部族之間既有共同特徵亦存在較大差異。秦漢時期他們仍然保留著一些原始的社會習俗，如「無嫁娶禮法，各因淫好，無適對匹，不識父子之性、夫婦之道」**24**，「兄死弟妻其嫂」**25**，以及「斷髮紋身」「懸棺葬」「船棺葬」等。長期以來，他們一直過著落後而相對安定的生活，中原地區持續數百年的列國紛爭對他們影響甚小。然而，隨著兼併戰爭的結束，百越地區的寧靜被打破了。西元前二一九年，秦滅六國後的第三年，秦始皇即揮師南下，正式開始了統一「百越」的戰爭。

23　《漢書》卷二八下《地理志》注引臣瓚曰。
24　《後漢書》卷七六《任延傳》。
25　《三國志》卷五三《吳書・薛綜傳》。

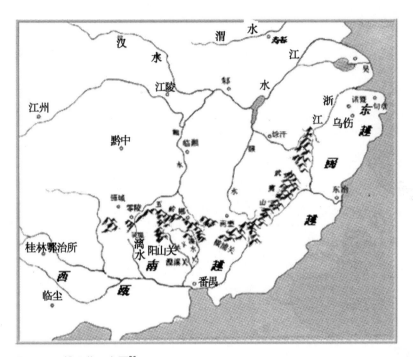

圖 1-2　百越分佈示意圖[26]

關於這場戰爭的具體情況，秦史幾乎沒有留下什麼記載，《史記》《漢書》略有追述，主要有：

《史記·平津侯主父列傳》：「又使尉屠睢將樓船之士南攻百越，使監祿鑿渠運糧，深入越，越人遁逃。曠日持久，糧食絕

26　據霍印益《秦代軍事史》（《中國軍事通史》第四卷）附圖 3 修改，軍事科學出版社一九九八年版。

乏，越人擊之，秦兵大敗。秦乃使尉佗將卒以戍越。」**27**

《漢書・嚴助傳》載淮南王劉安上書漢武帝云：「臣聞長老言，秦之時嘗使尉屠睢擊越，又使監祿鑿渠通道。越人逃入深山林叢，不可得攻。留軍屯守空地，曠日引久，士卒勞倦，越乃出擊之。秦兵大破，乃發適戍以備之。」

《淮南子・人間訓》載，秦始皇「使尉屠睢發卒五十萬為五軍：一軍塞鐔城之領；一軍守九嶷之塞；一軍處番禺之都；一軍守南壄之界；一軍結餘汗之水。三年不解甲弛弩，使監祿無以轉餉，又以卒鑿渠而通糧道，以與越人戰，殺西嘔君譯籲宋。而越人皆入叢薄中，與禽獸處，莫肯為秦虜。相置桀駿以為將，而夜攻秦人，大破之，殺尉屠睢，伏屍流血數十萬。乃發適戍以備之」。

從這些材料可以看出，秦定百越的戰爭不僅投入的兵力多、經歷時間長，而且打得異常艱苦、慘烈。五十萬大軍分五路進擊，分屯五個戰略要地**28**，這種規模在秦滅六國的戰爭中也是不

---

27 此處原文為「又使尉倫屠睢將樓船之士南攻百越」，「倫」應是衍字，據《漢書》卷六四下《嚴安傳》改。

28 有人估計，「當時逾嶺南進軍的頂多十萬、八萬人」，而「發卒五十萬」應是秦軍「占據整個百越地區（包括嶺南）的總部署」，見何維鼎《秦統一嶺南投放了多少兵力》（《華南師範學院學報》一九八二年第二期）。林劍鳴亦認為，「發卒五十萬」「乃是部署於南方邊境的總數，而進軍百越的人數約十萬人」（《秦漢史》上冊，上海人民出版社一九八九年版，第 88 頁）。筆者以為，如果「發卒五十萬」數字無錯的話，則從戰略上看，秦征百越動用了五十萬大軍也是說得通的，

多見的。

　　秦朝為打好這場戰爭，在兵力部署、集結地點、進軍方向和路線等方面都作了較充分的準備，其最初的戰略企圖「是以優勢兵力南下，分途進軍，略取各地，一舉平定百越」[29]。由於江西東、南部也散居著不少越族部眾，又東鄰浙江、福建，南靠廣東等越人密集地區，這一特殊的地理位置決定了江西地區既是秦朝用兵百越的戰略前方，又是進攻嶺南越族腹心之地的最理想的戰地後方。因此，《淮南子》所提到的「一軍塞鐔城之領；一軍守九嶷之塞；一軍處番禺之都；一軍守南壄之界；一軍結餘汗之水」中的地名，除鐔城在今湖南靖縣西南、九嶷在今湖南寧遠南、番禺即今廣東廣州外，其餘二處則在今江西的贛北和贛南地區：所謂「南壄之界」即指今南康市南大庾嶺，[30]包括今南康、上猶、大庾等地界；「余汗之水」即指今余干、樂平一帶的信江。顯然，秦軍的這個部署由東向西分別鎖定了三個目標：福建境內的閩越、廣東境內的南越和廣西境內的西甌（圖1-3）。

戰略部署的人數應該包含了戰術進攻的兵力，而戰術進攻的兵力則不能代表整個戰略部署的人數。另，《淮南子》所載秦軍集結地點存在不合邏輯之處，其中最明顯的是「番禺之都」，當時尚屬南越腹心之地，不可能成為秦軍犁結地點，應是秦軍後來攻占的一個據點。而從漢人對這場戰爭的追述中似乎可以推斷，遭越人夜襲而大敗的當是深入越人腹地、苦守番禺的這支秦軍。

29　霍印意：《秦代軍事史》（軍事科學院主編《中國軍事通史》第四卷），軍事科學出版社一九九八年版，第123頁。

30　參閱岑仲勉：《評〈秦代初平南越考〉》，《史學專刊》（中山大學）第二卷第三期（一九三六年四月）。

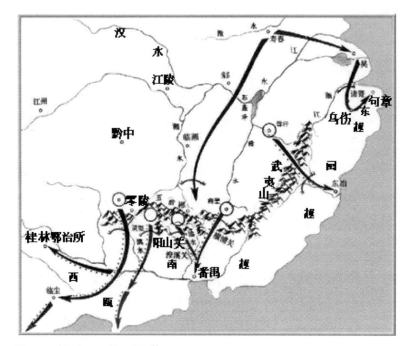

圖 1-3　秦軍南平百越示意圖[31]

　　起初，幾路大軍進展較為順利。東路秦軍從余汗出發，逆信
江而上，越武夷山向閩中推進，迅速征服閩越，並在當年設置了
閩中郡。於是，閩中、會稽兩郡連成一片，閩越、東甌皆入秦朝
版圖。由「鐔城之領」和「九嶷之塞」出發的西路秦軍，分別翻
越今廣西興安縣境的越城嶺和今湖南江華縣境的萌渚嶺，一路清

31　據霍印章：《秦代軍事史》（《中國軍事通史》第四卷）附圖三修改，
　　軍事科學出版社一九九八年版。

剿不斷抵抗而分散的西甌各部落，並殺死了西甌首領譯籲宋。也許捷報很快傳到了朝廷，秦始皇在二十八年東巡途中樹立的琅琊刻辭裡，已經迫不及待地添上了「南盡北戶」的頌詞。[32]由「南壄之界」出發的中路秦軍也越過大庾嶺進入粵北，對毫無防備的南越部眾實施打擊，並迅速攻占番禺。這時，問題出現了。一方面，突遭秦軍攻擊的越人紛紛遁入深山叢林，長期隱匿不出，「與禽獸處，莫肯為秦虜」，使秦軍「不可得攻」。並重新選擇首領，整合力量，「相置桀駿以為將」，利用其熟悉地形、適應環境的優勢，不斷襲擾秦軍；另一方面，習慣於大兵團正面作戰的秦軍，雖以水軍「樓船士」為主，一路勢如破竹，占領了許多戰略要地和大片土地，但致命的弱點也很快暴露了出來，其中最突出的是戰線過長、交通不便，兵糧補給供應不上，以致於「糧食絕乏」「士卒勞疲」「三年不解甲弛弩」，秦軍將士持續處於高度警戒和極度疲勞之中。終於有一天，駐屯番禺的中路秦軍遭到越人大規模的夜間襲擊，「伏屍流血數十萬」，主帥尉屠睢也被殺身亡。

　　慘重的損失迫使秦始皇作出一項重大決定：疏通糧道，加強後勤補給。為此，秦始皇命監御史祿（史稱「監祿」或「史祿」）負責開鑿渠道，大約兩年後（前 214 年），在今廣西新安境內修成了一條溝通湘水和灕水的人工渠──靈渠。靈渠的通航，使長

32　《史記》卷六《秦始皇本紀》。「北戶」即「北向戶」，秦時泛指嶺南今廣東、廣西至越南北部地區。

江水系和珠江水系連接起來，解決了秦軍糧草物資運輸的困難，為秦朝征服百越創造了條件。

源源不斷的軍需物資通過靈渠運抵嶺南，再由陸路轉運到各個城防要塞，秦軍得到了補充，力量逐漸恢復。在此基礎上，秦朝進一步增兵嶺南，「發諸嘗逋亡人、贅婿、賈人略取陸梁地」[33]，對那些藏在深山密林繼續頑強抵抗秦軍的越人，實施最後的清剿，終於把南越、西甌劃入了秦朝的版圖。

為了加強對這片新徵服地的統治，秦朝分別設置了桂林（治今廣西桂平西南；一說在今廣西貴縣境內的布山）、象（治臨塵，今廣西崇左；一說治象林，在今越南廣南境）和南海（治番禺）三郡，以秦將任囂為南海尉，趙佗為龍川令，[34]並於次年（前213年）將一批違法犯科的所謂「治獄吏不直者」謫罰到嶺南地區。至此，「以適（謫）遣戍」的罪犯多達五十萬人。[35]據《史記・淮南衡山列傳》載伍被言，為安定戍守將士，趙佗曾「使人上書，求女無夫家者三萬人，以為士卒衣補。秦皇帝可其

33　《史記》卷六《秦始皇本紀》。所謂「陸梁地」，據〔唐〕張守節「正義」曰：「嶺南之人，多處山陸，其性強梁，故曰『陸梁』。」霍印意認為，當時「嶺南各要害之處和平川之地早巳被秦軍占領」，因而，「陸梁」當指那些「莫肯為秦虜」並常常「夜攻秦人」的越人所據守的山林高地，詳見其著《秦代軍事史》第125頁。

34　任囂、趙佗都是統率南征秦軍的尉，從零散記載推測，懺囂可能是與尉屠睢並列的主帥之一，趙倫則是副帥或一個方面軍的統帥，地位略次於任囂、屠睢。

35　見《史記》卷六《秦始皇本紀》「集解」引徐廣曰：「五十萬人守五嶺。」

萬五千人」。這是秦漢時期內地人口向嶺南地區規模較大的一次遷徙，五十萬戍邊將士加一點五萬未婚女子，散處於各城防關隘（包括江西境內大庾嶺上的橫浦關），與越人雜居共處，對於嶺南及贛南的開發、民族間的交往是有積極意義的。

秦朝征服百越的戰爭是統一的多民族國家形成進程中的重大事件，從某種意義上說，西元前二百二十一年秦滅六國，只是把周朝封邦建國所造成的諸侯割據政權變成統一強大的中央集權體制下的郡縣，而西元前二百一十四年平定百越才使秦始皇的統一事業畫上一個圓滿的句號。從此，嶺南、閩東等邊區與中原內地的經濟、文化交流加強了，江西、湖南等地的開發也加速了，特別是相對封閉的江西地區獲得了一次發展的契機。

先秦時期，文獻記載中涉及江西的事蹟幾乎近於空白，僅有「吳王（闔閭）使太子夫差伐楚，取番」和吳公子慶忌「出居於艾」等零星記載，這說明江西在當時的社會政治中是無足輕重的。春秋戰國時代，南方雖有幅員遼闊的楚國和先後崛起的吳國和越國，但它們都無一例外地把目光鎖定在中原地區，而對於江西、湖南等與越族犬牙交錯的地區尚未引起足夠重視，這應是這些地區政治、經濟、文化長期滯後不前的重要原因。隨著六國的覆滅，秦始皇把擴張的目標指向了嶺南，江西地區也因地理位置的重要而開始受到秦朝的重視，成為秦軍集結重兵的據點和進剿越人的後援地。

秦朝用兵百越的主力是「樓船士」即水軍，其來源應主要在江淮及其以南地區，運動、集結的方式主要靠水路交通。而秦軍在江西境內選定的兩個集結點余汗和南壄，正好可以依託兩條便

捷的自然水道：一是與長江相通的彭蠡澤，二是縱貫江西南北的贛江。余汗北通彭蠡、長江，南連龍窟河，是閩越出江淮之南的交通要道。集兵於此，進可扼守武夷山隘道，防備閩越的反抗，退可掌控贛鄱水運交通，確保軍需物資的轉運安全。「南壄之界」地處贛江上游、大庾嶺北端，是南越出入南嶺口的通道。可以想見，當時秦軍的糧草物資經由贛江水道運集於此，再拓寬大庾嶺山路運抵南越，最後在今廣東南雄沿溱水（今北江）南運而至番禺。[36]從此，原有的贛江天然水道與新開闢的大庾嶺山道連成一體，成為秦漢以降中原進入嶺南的主要交通幹道之一。

由於史料的殘缺，歷史的原貌是否如此，已很難斷定，但當年秦軍在江西境內活動的足跡，特別是史書上留下的「一軍守南壄之界」的記載，已在兩千多年後的今天證實了。

一九七六年春，在遂川縣藻林鄉鵝溪村附近的左溪河邊，出土了一批青銅矛、鏃、戈等兵器，計有：

青銅戈，一件。長援，長胡，胡下端略有殘失，內端有刃。現存胡上有三半月形穿，內

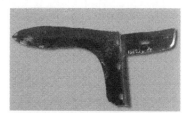

圖1-4　秦「臨汾守「青銅戈，一九七六年遂川縣出土

36　參閱許懷林《江西史稿》，汀西高校出版社一九九三年版，第33頁。

中一長方形穿。援部中間有脊突起，兩邊凹下成血槽。援上刃與內上刃聯線呈弧形，兩端略上翹。援長十五點四釐米，內長八點三釐米，胡殘長十點五釐米（圖1-4）。

　　青銅矛，一件。短骹式，雙穿，葉最寬處在基部，而收於骹，骹末端略粗，鋬口成橢圓形。矛身橫斷面略呈菱形，脊部兩側有血槽。通長十五點三釐米。

　　銅鏃，出土時散失不少，僅存八十餘支。分兩式（圖1-5）[37]

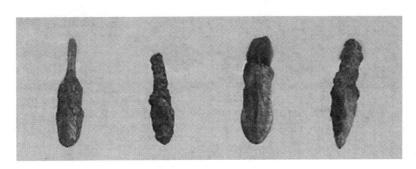

圖1-5　秦青銅鏃，一九七六年遂川縣出土

　　這批兵器的造型與河南汲縣、輝縣、洛陽以及長沙等地戰國末期墓中出土的同類文物極為相似，青銅矛與秦兵馬俑坑出土的Ⅱ式矛完全一樣，這說明這批兵器的時代應是戰國末期。引人注目的是，在銅戈內上刻有兩行銘文（圖1-6）：

37　彭適凡、劉詩中：《遂川出土一批秦始皇時兵器》，《江西歷史文物》一九七六年第五期。

廿二年臨汾守瞫庫
係（？）工猷造

據彭適凡考證，「廿
二年」當是秦始皇廿二
年，「臨汾守」是指河東
（今山西東）郡守，亦即
遂川出土的這件青銅戈
是在秦始皇廿二年（前
225 年）瞫任河東郡守
期間，由武庫官員係監

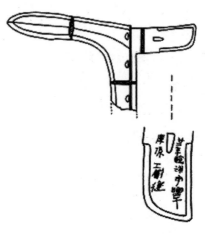

圖1-6 「臨汾守」青銅戈銘叉臨摹圖

督、工匠猷鑄造的。[38]銅戈鑄造的年份距秦統一時間四年，距秦
發兵南征百越時間六年；在出土現場及其附近未發現墓葬跡象，
換言之，可排除隨葬品性質；出土地點在今遂川縣境，屬於秦時
「南壄之界」的範圍。因此，這批秦代兵器應該是當年「守南壄
之界」的秦軍留下的，它們的重見天日印證了《淮南子》的記
載，是秦軍擴展延伸贛江航道、鑿通大庾嶺山路的歷史見證，對
於探討秦始皇統一嶺南戰爭的過程及具體進軍路線諸問題，同樣
也是珍貴的實物資料。

---

38 彭適凡：《遂川出土秦戈銘文考釋》，《江西歷史文物》一九八〇年第
三期。

第二節 ▶ 反秦戰爭與秦統治在江西的瓦解

秦始皇之所以在歷史上留下赫赫聲名，主要緣於三方面事蹟：一是掃平六國，創建統一的多民族的秦帝國；二是首稱皇帝，開創了一套成為日後歷朝制度根基的政治、經濟制度；三是「舉措暴眾」，視民眾為草芥，把繁重的賦稅徭役壓在剛剛擺脫戰亂之苦的農民身上，用嚴刑酷法壓制人們的不滿和反抗。雖然前兩項的歷史功績是輝煌的，有人盛讚「秦皇掃六合，虎視何雄哉」[39]，但在絕大多數人的眼裡，因其「舉措暴眾」所帶來的黯淡淹沒了他的輝煌，使他成為人們無情抨擊和血淚控訴的殘暴之君。西元前二〇九年，就在他死後僅僅一年，一場由幾個戍邊農民發動的反秦戰爭就全面爆發了，兩年後，由他親手締造並苦心經營的秦帝國大廈就轟然倒塌了。納入秦朝版圖不久的江西，在秦朝任命的鄱陽縣令吳芮的帶領下，響應陳勝、吳廣起義，樹起了反對秦朝的大旗。

一 秦政的失誤與反秦戰爭的爆發

秦滅六國後，秦始皇的心態出現多重分化，一方面，統一戰爭的一帆風順，使他躊躇滿志，在大臣們「今陛下興義兵，誅殘賊，平定天下，海內為郡縣，法令由一統，自上古以來未嘗有，

39　〔唐〕李白：《古風》，《全唐詩》卷一六一，上海古籍出版社一九八六年版。

五帝所不及」[40]的頌揚下，自封為「始皇帝」，並一廂情願地描繪了嬴氏秦朝萬世一統的宏偉藍圖——「後世以計數，二世、三世至於萬世，傳之無窮」[41]。另一方面，秦帝國版圖的空前擴大、六國勢力的殘存及其祈求長生卻又意識到不會不死的矛盾心理，使他深感憂慮乃至恐懼，於是一些政策措施在實行過程中被推向了極端，一個在歷史上具有諸多建樹的大一統王朝很快陷入重重危機。

對於秦朝統治的失誤，漢初政論家陸賈在其《新語・無為》中作過較為中肯的論述：

秦始皇設刑罰、為車裂之誅以斂奸邪，築長城於戎境以備胡、越，征大吞小，威震天下，將帥橫行以服外國，蒙恬討亂於外，李斯治法於內。事逾繁而天下逾亂，法逾滋而天下逾熾，兵馬益設而敵人逾多。秦非不欲治也，然失之者，乃舉措暴眾、刑罰太極故也。

的確如此，秦始皇並非不想把國家治理好，如中央設三公九卿，地方廢除分封制，實行郡縣制，有利於政令的統一；「使黔首自實田」，在全國範圍內確立土地私有制；統一貨幣、度量衡和文字；拆險阻，修馳道，有利於社會經濟的發展和各地經濟文

40　《史記》卷六《秦始皇本紀》。
41　《史記》卷六《秦始皇本紀》。

化的交流。然而，在秦始皇當政的短短十二年之內，急功近利，諸事並舉：北擊匈奴、修築長城、南征「百越」、戍守五嶺、建阿房宮、修驪山墓……飽受割據混戰之害的民眾根本來不及享受全國統一的樂趣，便又遭受著「舉措暴眾、刑罰太極」的痛苦煎熬。

秦政的失誤主要表現在兩個方面：一是賦稅徭役繁重，二是刑罰嚴酷。

秦代的賦稅名目繁多，有基於土地、稅率百分之十的田租，有按人口多少徵收、「頭會箕賦」[42] 的口賦，還有種種附加稅和工商雜稅。農民要交「芻稿」，且不論占有土地多少或耕種與否，都必須交納，因為秦律規定：「入頃芻稿，以其受（授）田之數，無狠（墾）不狠（墾），頃入芻三石，稿二石。」[43] 各種賦稅加在一起，要占去農民收入的三分之二以上，這對於剛從長期戰火中擺脫出來的農民來說，無疑是難以承受的。所以，董仲舒說，秦代「田租，口賦，鹽鐵之利，二十倍於古」[44]。

與賦稅相比，徭役更是壓在人民身上的沉重負擔。秦朝徭役分兵役和力役兩種，秦制規定，普通男子十七歲進入服役期，六十歲老免，在這個役齡期間必須「月為更卒，已復為正一歲，屯

42 《淮南子‧氾論訓》云：秦代「頭會箕賦，輸丁少府」。高誘注：「頭會，隨民口數，人責其稅；箕賦，似箕然，斂人財多取密也。」《漢書‧陳余傳》亦云：「秦為虐政，頭會箕斂，以供軍費。」服虔註：「吏到其家，人人頭數出谷，以箕斂之。」
43 《睡虎地秦墓竹簡》，文物出版社一九七八年版，第27-28頁。
44 《漢書》卷二四上《食貨志》載蕫仲舒語。

戍一歲」[45]，就是說，一個男子一生中須服兩次兵役，一次為「正卒」，即充任材官、騎士等地方兵一年；一次為「戍卒」，即守衛京城或屯戍邊疆一年。此外，每年還要充當「更卒」一個月，即在本縣、郡內服勞役一個月。然而，實際上的徭役項目、服役量和服役期限遠不止於此。長期不斷的征伐、戍守及其帶來的水陸轉運負擔，為滿足驕奢淫逸生活和專制統治需要而興起的大型工程項目——長城、阿房宮、驪山墓、馳道、直道、靈渠、邊塞等等。數以百萬計的人力在秦統治者的皮鞭下痛苦勞作。據統計，秦代全國人口約二千萬，但每年被徵調服役的人數不下二百萬，「丁男被甲，丁女轉輸」[46]，「力役三十倍於古」[47]。這種竭澤而漁式地濫用民力，給人民帶來了深重的災難，給社會經濟造成了巨大的破壞。

秦始皇三十六年（前 211 年），有人把鬱悶於心的怨恨之氣宣洩了出來，在東郡隕石上刻下了「始皇帝死而地分」幾個字，得知消息後的秦始皇立即「遣御史逐問，莫服，盡取石旁居人誅之」[48]。在抓不到案犯的情況下，竟不問青紅皂白，把隕石附近的居民全部殺害，這一慘案突出地暴露了秦始皇外強中乾的變態心理，更反映了秦律的隨意性和殘酷性。

秦始皇特別迷信刑法的鎮壓功能，以致於「專任獄吏」，「樂

45　《漢書》卷二四上《食貨志》載董仲舒語。
46　《漢書》卷六四下《嚴安傳》。
47　《漢書》卷二四上《食貨志》載藍仲舒語。
48　《史記》卷六《秦始皇本紀》。

以刑殺為威」，把法家的暴力思想任意曲解並推向了極端，當作維護專制統治、對付民眾反抗的唯一手段，使秦朝的法律制度深深地打上了「嚴刑酷罰」的烙印。因此，人民搖手觸禁，動輒陷刑，整個嬴秦帝國如同一座大監獄。阿房宮、驪山墓工地上的隱宮、刑徒多達七十萬，謫發到邊疆征戰、戍守的違法犯科者不計其數，僅在秦始皇三十三年「以謫遣戍」嶺南的就達五十萬眾，誠所謂「赭衣塞路，囹圄成市，天下愁怨」[49]，廣大民眾被逼上了絕路。

西元前二百一十年（始皇 37 年）秦始皇死後，其繼承人二世皇帝胡亥在趙高的挾持下，更是昏庸殘暴，不僅對乃父之苛政「因而不改，暴虐以重禍」[50]，「賦斂愈重，戍徭無已」，以「稅民深者為明吏，殺人重者為忠臣」[51]，還把屠刀指向了朝臣和宗親。由於秦二世是靠「沙丘之變」陰謀篡奪帝位的，深恐大臣、宗室不服，危及自己的權位，因而在趙高慫恿下大開殺戒，軍功卓著的蒙恬、曾判趙高死刑的蒙毅、左丞相馮去疾等人先後被逼死或被殺害，骨肉兄弟姐妹二十餘人也相繼慘遭毒手。一時之間，「宗室振恐」，「自君卿以下至於眾庶，人懷自危之心」[52]。

「夫秦為無道而天下叛之」[53]，秦朝的暴政激化了社會矛

49　《漢書》卷二三《刑法志》。
50　〔漢〕賈誼：《新書》卷第一《過秦下》。
51　《史記》卷八七《李斯列傳》。
52　《史記》卷六《秦始皇本紀》。
53　《史記》卷九七《酈生陸賈列傳》。

盾，使中國大地瀰漫著反秦怒氣，從普通農民到六國貴族，各階層民眾都在等待著起義時機的到來。

秦二世元年（前209年）七月，一支由九百名貧苦農民組成的戍邊隊伍，正在向目的地漁陽（治今北京懷柔）進發。當他們行至蘄縣大澤鄉（今安徽宿縣東南20公里的劉家集附近）時，因連降大雨，道路不通，無法按期到達漁陽。而秦法規定，戍卒如果誤期，不論何種原因，都要處斬。戍卒們都很恐懼。在這生死抉擇的關頭，這批戍卒中的兩個小頭目——屯長陳勝（字涉）、吳廣挺身而出，乘押解戍卒的秦尉醉酒行兇打人之機，殺死兩個秦尉，發動戍卒起義。附近民眾紛紛加入，與戍卒們一起「斬木為兵，揭竿為旗」，一場聲勢浩大的反秦戰爭全面爆發。

陳勝自稱將軍，吳廣為都尉，率領起義軍迅速攻占大澤鄉、蘄縣。爾後分兵東向，主力則向西挺進，連下今豫東、皖北的（今安徽濉溪臨渙集）、（今河南永城　城集）、譙（今安徽亳縣）、苦（今河南鹿邑縣東）、柘（今河南柘城北）等地，當打到楚的故都陳縣（今河南淮陽）時，已擁有兵車六七百乘，騎兵千餘眾，步兵數萬人。

攻占陳縣後，陳勝自立為王，以陳縣為都城，「張楚」（意為「張大楚國」）為國號，並用「伐無道，誅暴秦」的口號來激勵、號召民眾。一時之間，天下云集響應，「諸郡縣苦秦吏者，皆刑其長吏，殺之以應陳涉」，特別是原楚國境內，「數千人為

聚者，不可勝數」[54]，其中著名的如項梁、項羽起兵於吳中（今江蘇蘇州），劉邦起兵於沛縣（今江蘇沛縣東）。原屬楚國的今江西鄱陽湖地區也活躍著一支反秦義軍，其首領是吳芮和英布。

二　吳芮、英布奮起番陽

　　吳芮是江西歷史上第一位有據可考的人物。秦統一全國後，設置番陽縣，吳芮被任命為縣令。這裡人口相對稀少，居民成分複雜，有華夏族，也有越族，吳芮能夠管理得秩序井然，各族民眾相處友好，因而，「甚得江湖間民心，號曰『番君』」[55]。這裡的「江湖」顯然是指長江和彭蠡澤，可見吳芮影響力的廣泛。秦征百越時，在余汗和南壄屯軍，番陽是離這兩個集兵點最近的縣級機構，應該負有配合秦軍行動、做好後勤保障的責任。秦統一百越，固然有利於這些地區的開發及其與內地的經濟、文化交流，但武力征服是以血腥的屠殺為代價的，它給越人帶來了深重的災難，也給參戰或戍邊的秦軍士兵帶來了無盡的痛苦。這一切對於深得民心的地方官吳芮來說，自然是看在眼裡急在心中的。所以，當楚國故地「家自為怒，人自為斗，各報其怨而攻其仇，縣殺其令丞，郡殺其守尉」[56]，響應陳勝、吳廣時，吳芮也當機立斷，號召和組織當地軍民，舉起了反秦大旗。

54　《史記》卷四八《陳涉世家》。
55　《漢書》卷三四《吳芮傳》。
56　《史記》卷八九《張耳陳余列傳》。

吳芮的叛秦，對起義軍來說觸動很大。因為大澤鄉起義發生後，響應起義的多是普通民眾和六國舊貴族，雖然也有劉邦、蕭何、曹參等官府人物加入，但都是低級小吏。而吳芮則是主動投身於反秦戰爭的第一個秦朝縣令，這對於瓦解秦的地方政權、鼓舞義軍鬥志無疑是有積極作用的。加之吳芮在當地和閩越（或稱閩粵，今福建一帶）民眾中的影響力，使他成為閩贛一帶的領軍人物。因此，投靠吳芮的人越來越多，特別是英布及閩越王無諸、越東海王搖的率眾來投，使吳芮的勢力迅速壯大。

閩越王無諸和越東海王搖都是越王勾踐的後裔，秦並天下後，發兵征服閩越，設置閩中郡，無諸和搖也都被降為君長。反秦戰爭爆發後，得知吳芮在番陽起義，立即率領越族部眾前往參加，成為吳芮義軍的基本力量。

英布是反秦戰爭中著名的戰將，因觸犯秦法而受黥刑，被押送到驪山修建秦始皇陵墓，因此又名黥布。在驪山勞作中，英布從不安分守己，暗中與刑徒中的「徒長豪傑」串聯，並率領一批擁護者逃回老家九江郡，在長江一帶「為群盜」。陳勝、吳廣起義後，英布帶領數千人投奔吳芮。吳芮見英布勇武能戰，是難得的將才，更為了表示與秦朝徹底決裂，將女兒嫁給英布為妻，共同率領越人「舉兵以應諸侯」[57]。

這時，陳勝正以陳縣為中心，兵分三路西向攻秦，目標是秦都咸陽：一路由假王（代理王事）吳廣率領，西擊滎陽（今屬河

---

57 《漢書》卷三四《吳芮傳》。

南）；一路由宋留率領，從南陽（今屬河南）轉攻武關（在今陝西丹鳳東南）；一路由周文率領，在吳廣、宋留兩翼的配合下，直搗咸陽。另派鄧宗南下進攻九江郡，遣武臣北渡黃河略取魏國故地。各路大軍一齊開發，聲勢浩大，周文軍進展更為順利，僅數十日就突破咸陽門戶重地函谷關，進抵距離咸陽不足百里的戲（今陝西臨潼東）。兵力由十萬迅速發展到兵車千乘、戰士數十萬人。

面對突如其來的起義軍，秦二世急令少府章邯為將軍，赦驪山刑徒為軍隊，派章邯率三十萬大軍迎擊周文軍。周文連遭重挫後，自殺身亡。大好形勢急轉而下，起義軍內部一再分裂。先是久圍榮陽不下的吳廣遭部將田臧殺死，田臧又被章邯擊敗而死。後是日益驕慢的陳勝眾叛親離，在章邯軍攻陷陳縣後，敗退至下城父（今安徽蒙城西北），被其車伕莊賈殺害。與此同時，宋留軍亦陷於秦軍的包圍之中，於走投無路下向秦軍投降。

陳勝、吳廣的遇害，使反秦戰爭一時轉入低潮。但鬥爭並未因此結束，陳勝部將呂臣率領一支以奴隸為主力的蒼頭軍，繼續轉戰，一度收復陳縣。當呂臣被章邯擊敗時，一直堅持鬥爭的吳芮派英布前往會合，並在清波（河南新蔡西接縣界）協同作戰，大破秦軍。

不久後，反秦戰爭在項羽、劉邦等人的領導下進入了一個新的高潮。

三　秦朝在江西統治的瓦解

陳勝、吳廣起義軍連遭挫折期間，各地反秦勢力如劉邦、呂

臣、陳嬰、英布和蒲將軍等，紛紛投奔實力較強的項梁、項羽叔姪。秦二世二年（前208年）六月，陳勝被害的消息確認後，項梁在薛（今山東滕縣東南）地召集各路首領商討破秦方略，接受謀士范增的建議，立楚懷王之孫熊心為王，仍尊稱楚懷王，使反秦義軍又有了統一的精神領袖。

薛地會議後，各路義軍協同作戰，連創秦軍，李斯之子、秦三川郡守李由亦被殺死。隨後，項梁軍又在秦北方重鎮定陶（今山東菏澤）大破秦軍。然而，在大好形勢下，項梁驕傲輕敵，放鬆了警惕，遭到章邯軍夜襲，兵敗被殺，定陶得而復失。

項梁死後，項羽、劉邦等調整計劃，向彭城（今江蘇徐州）集結，並將楚懷王接到彭城。秦朝也把戰略重心由江淮轉移到河北，調戍守朔方邊塞的王離大軍二十餘萬與渡河北上的章邯軍圍攻趙地反秦勢力。楚懷王命宋義為上將軍，項羽為次將，範增為末將，率主力北上救趙；另派劉邦率軍西攻咸陽。

宋義率軍行至安陽（今山東曹陽）停頓下來，想讓秦、趙兩軍爭鬥，坐收漁翁之利，因而連續四十六天按兵不動。項羽盛怒之下，殺死宋義，領兵與秦軍決戰。渡過漳水後，破釜沉舟，大破秦軍主力，取得了反秦戰爭中關鍵性的勝利。

與此同時，劉邦乘虛西進，一路上採取軍事進攻與政治懷柔相結合的政策，深得民心，進展順利，長驅直入武關，兵臨咸陽附近的灞水。

在起義軍的沉重打擊下，秦朝內部陷於一片混亂，權臣趙高殺死二世，立二世兒子子嬰為秦王；子嬰貶去帝號稱秦王，又設計殺死趙高。秦二世三年（前207年）十月，當劉邦軍逼近咸陽

時，秦王子嬰「繫頸以組，白馬素車，奉天子璽符」[58]，向劉邦投降。秦朝統治正式宣告結束。

在這場聲勢浩大的反秦戰爭中，江西地區雖然不是主要戰場，但吳芮、英布較早地投入起義，轉戰江淮之間、大河南北，特別是「率百越佐諸侯」，遣部將梅名鋗助劉邦入關，深為項羽、劉邦欣賞，為江西擺脫秦朝統治乃至秦朝的滅亡作出過貢獻。

秦朝滅亡的時間是西元前二百〇七年，但它對江西的有效統治應在西元前二百〇九年就基本結束了。陳勝、吳廣起義發生後，曾派鄧宗率領一支義軍南攻九江郡，戰況如何，史無明載，但九江郡長江以南的江西地區，有番令吳芮響應起義，控制了江鄱一帶；江西東面的會稽郡有項梁、項羽在吳中舉事，殺會稽守，摧毀了秦在今江蘇南部、浙江大部分地區的統治；東南閩中郡有閩越首領無諸、搖領導的越民起義，後投奔吳芮；嶺南有曾參與平定百越、時任南海郡尉的趙佗，絕橫浦（今大庾嶺小梅關）、陽山（今廣東陽山西北）、湟谿（今廣東英德西南）諸關，「誅秦所置長吏，以其黨為假守」，「擊並桂林、象郡，自立為南越武王」[59]。所以，當時的江西成為秦統治的「真空」地帶，幾乎沒有發生什麼戰鬥，就從秦朝的暴政中擺脫了出來。

58　《史記》卷六《秦始皇本紀》。
59　《史記》卷一一三《南越列傳》。

第二章——

兩漢時期的
江西

西元前二百〇六年秦朝被推翻後，在反秦戰爭中立有大功的項羽、劉邦兩大政治集團之間，展開了長達四年的楚漢戰爭。最終劉邦獲勝，並於西元前二百〇二年二月正式登上皇帝寶座，建國號漢，史稱「西漢」或「前漢」。西漢王朝經過七十年的休養生息、漢武帝時期的開拓，成為強大的封建帝國。從漢元帝時期（前48-前33年）起，西漢社會矛盾逐漸激化，於西元前八年被外戚王莽建立的新朝所代替。王莽因簒漢及託古改制，招致普遍反對，在綠林、赤眉農民起義的打擊下覆亡。西元二十五年，漢宗室後裔劉秀重建漢朝，史稱「東漢」或「後漢」。東漢後期，外戚、宦官輪流擅權，統治黑暗，矛盾尖銳，導致黃巾大起義爆發。黃巾軍被鎮壓後，州郡長官、地方豪強擁兵自重，割據混戰，東漢王朝名存實亡。西元二百二十年，占據北方的曹丕廢漢獻帝自立，東漢滅亡。

在長達四百多年的兩漢統治期間，江西除在軍事上繼續保持重要地位外，在全國的政治地位也逐漸提高。自漢初設置豫章郡後，江西境內的行政區劃由西漢時期的一郡十八縣，發展到東漢末年的三郡（豫章、鄱陽、廬陵）三十五縣，使江西的北、中、中南部都有了郡級政治中心，初步奠定了今天江西省政區的規模；史書中留下姓名的郡縣官吏，也由西漢時期的九人遞增為東漢時期的二十一人。

隨著歷史的變遷，兩千多年前的江西古城大多湮沒在塵土之中，如今能夠看到的只有廬陵（白口城）、海昏、鄱陽等漢城遺址。這些古城址特別是廬陵城址的發現，為我們認識和探索兩漢時期江西歷史提供了寶貴的材料。

第一節 ▶ 豫章郡的建立及其行政建置沿革

一　楚漢戰爭與豫章郡的設立

秦朝滅亡後，反秦勢力共同的目標實現了，但戰爭並未結束，大大小小的反秦勢力在項羽的大行分封下，陷於一片混亂。究竟由誰以何種方式構建新的王朝，成為當時中國面臨的最大問題。自稱西楚霸王的項羽，想傚法過去的周王做天下共主，其餘諸王大多目光短淺，只圖眼前利益，滿足於占地為王。只有漢王劉邦欲打破現狀，建立新的統一王朝。因此，一場新的戰爭在項羽和劉邦兩大政治集團之間展開了。

項羽的分封並未做到論功行賞，封到王號的因封地不理想而頗有怨言，立有大功卻沒被封王的擁兵而無立足之地，更是忿忿不平。所以，在分封不久的西元前二百〇六年五月，齊國故地便發生了田榮反楚的戰爭。當項羽自彭城揮師北上全力對付田榮時，漢王劉邦「明修棧道，暗渡陳倉」，乘機自漢中出兵北上，迅速占領關中。又決策東向，奔襲彭城，與項羽展開爭奪天下的戰爭。劉邦在蕭何、張良、韓信等人的輔佐下，採用「鬥智不鬥力」的策略，在滎陽（今屬河南）、成皋（在今滎陽氾水鎮西）一帶與項羽主力長期對峙，另派韓信自關中東渡黃河，平定河北和齊地，並揮師南下與劉邦夾擊項羽。漢王四年（前 203 年）十二月[1]，劉邦調韓信、英布、彭越等會師於垓下（今安徽固鎮）。

1　關於垓下之役的時間，《史記》《漢書》記載頗為混亂，《史記・高祖

在四面楚歌聲中，項羽突圍至烏江（今和縣境）渡口，自殺身亡。

項羽敗亡後，漢軍繼續南下完成統一戰爭，收復尚未接管的地區。江西地區的統治秩序大概是在這一時期重建的。

由於《史記》、《漢書》在記載漢軍略定會稽、豫章事時前後文有出入，因而，在究竟何時由何人領兵平定豫章並奉命築城設郡的問題上，引起後人的爭議。《史記·灌嬰列傳》云：

項籍敗垓下也，嬰以御史大夫受詔，將車騎別追項籍至東城，破之。所將卒五人共斬項籍，皆賜爵列侯。降左右司馬各一人，卒萬二千人，盡得其軍將吏。下東城，歷陽。渡江，破吳郡長吳下，得吳守。遂定吳、豫章、會稽郡。還定淮北，凡五十二縣。

是說垓下之役後，灌嬰奉命南下清剿殘敵，並平定了會稽、豫章郡。但在《史記·高祖功臣侯者年表》（以下簡稱《功臣年表》）中又把「定豫章」的功勞明確地記在「堂邑安侯陳嬰」名

本紀》說五年，《漢書·高帝紀》說五年十二月，其他列傳又各有出入。經後人考證，該役發生於十二月尤誤，但今人有用四年十二月和五年十二月者。鑒於《史記》《漢書》將漢初多起重大事件如遷都長安礎臼王臧荼反、諸侯王封地調整（包括改齊王韓信為楚王、衡山王吳芮為長沙王），特別是五月「兵皆罷歸家」、六月「大赦天下」等，都記在高祖五年，說明這年楚漢戰爭已經結束，不可能十二月還在進行核下之役。因此，筆者採用高祖四年十二月說。

下：

以自定東陽，為將，屬項梁，為楚柱國。四歲，項羽死，屬
漢，定豫章、浙江都浙自立為王壯息，侯，千八百戶。復相楚元
年王十一年。

而對灌嬰的「侯功」也寫得非常明白，主要是「以中涓從起
碭，至霸上」，「入漢，定三秦」，「車騎將軍屬淮陰，定齊、淮
南及下邑，殺項籍」，但隻字不提「定豫章、會稽」事。班固對
此未作更改，基本照錄於《漢書》的相應傳、表中。於是，後人
產生分歧。北魏酈道元只信列傳，在《水經・贛水注》中曰：
「贛水又北徑南昌縣城西……漢高祖六年始命灌嬰以為豫章郡
治，此即灌嬰所築。」[2]此後，唐《元和郡縣誌》、北宋《太平寰
宇記》《元豐九域志》《輿地廣記》、南宋《輿地紀勝》、元末明
初《說郛》輯錄的《豫章古今記》、明《讀史方輿紀要》《明一
統志》、清《江西通志》等史志皆相沿不改。但南宋趙與時則不
以為然，指出：

……考紀及傳，灌嬰蹤跡未嘗到江南。鑿空著書，可付一
笑。洪駒父《豫章職方乘》亦謂：灌嬰在漢初定江南，故祀以為
城隍神，今江西郡縣城隍多指為灌嬰，其實非也。友人蕭子壽

2　王國維：《水經校注》，袁英光、劉寅生整理標點，上海人民出版社
　　一九八四年版。

第二章・兩漢時期的江西

065

（大年）考功臣侯表，始知其為陳嬰。[3]

　　清人王先謙集眾家之長而作《合校水經注》，始在正文中將「灌嬰」改為「陳嬰」：「贛水又北徑南昌縣故城西……漢高祖六年始命陳嬰為豫章郡治，此即陳嬰所築。」並注稱：「官本曰：『按陳嬰原本及近刻並訛作灌嬰。』今改正。《史記・高祖功臣侯（者）年表》稱：堂邑侯陳嬰定豫章。《漢書》同。」[4]今人亦有不少學者對此作過探討，且多傾向於後說。[5]

　　筆者以為，雖然《史記》《漢書》在記載灌嬰定豫章問題上存在一些疑點，值得指陳出來，但僅憑《功臣年表》中灌嬰和陳嬰的「侯功」以及其他一些推測，便否定《灌嬰列傳》中的記載，依據並不充分。其實，這個問題並不複雜，關鍵在於如何看待《功臣年表》不記灌嬰「定豫章」的問題。

　　《功臣年表》記事言簡意賅，對功臣事蹟皆以寥寥數語概述，載入年表的功勞只擇其要者大者。漢初封侯者多達一百四十三人，其中「功勞大小」因人而異，所獲賞賜也相差甚巨，大者過萬戶，小者僅數百戶。灌嬰是名列第九、食邑五千戶的開國元勳，其軍功主要是「以中涓從起碭，至霸上」，「入漢，定三

3　〔宋〕趙與時・《賓退錄》，上海古籍出版社一九九三年版，第13頁。

4　〔清〕王先謙：《合校水經注》，巴蜀書社影印清光緒二十三年新化三味書室刊木，一九八五年版。

5　參閱陳江《灌嬰定贛考訛》，《江西歷史文物》一九八六年八月增刊，許懷林《江西史稿》，江西高校 出版社一九九三年版，第26-32頁。

秦」，「定齊，淮南及下邑，殺項籍」，說明自劉邦起兵反秦到擊滅項羽，幾次關鍵戰事他都參加並充當過重要角色，如逼迫項羽自殺的最後一戰便是由他親自指揮的。而「定吳、豫章、會稽郡」發生在項羽敗亡、漢得天下已成定局之時，屬於收拾殘局之事，這對功勛卓著的灌嬰來說，自然無足輕重，列傳可以一敘，《功臣年表》則無需再作渲染。陳嬰則不同，他自反秦戰爭起便跟隨項梁、項羽，項羽死後才歸附劉邦。作為一員四年與漢為敵的降將，最終能夠成為漢初開國列侯，雖說功勞是「定豫章、浙江都浙自立為王壯息」，但更為重要的可能還在於他的出身和名望。《史記‧項羽本紀》曰：

> 陳嬰者，故東陽令史，居縣中，素信謹，稱為長者。東陽少年殺其令，相聚數千人，欲置長，無適用，乃請陳嬰。嬰謝不能，遂強立嬰為長，縣中從者得二萬人。少年欲立嬰便為王，異軍蒼頭特起……嬰乃不敢為王。謂其軍吏曰：「項氏世世將家，有名於楚。今欲舉大事，將非其人，不可。我倚名族，亡秦必矣。」於是眾從其言，以兵屬項梁。

可見「長者」陳嬰起兵反秦與「番君」吳芮很相似，都是因聲望得到擁護。大概劉邦正是看中他這點，才讓他從屬灌嬰，參與平定江南的行動。而他也不負眾望，利用自己在楚人中的威信，在定豫章及浙江方面建立功業。對陳嬰來說，定豫章、浙江就是大功，否則便無功可錄，封侯更無從說起了。所以，《功臣年表》記陳嬰而不記灌嬰「定豫章」，並不否定灌嬰作為漢軍主

帥略定江南的事實。

然而，有學者指出，「定豫章」並不等於建豫章郡，豫章建郡究竟是在漢高祖五年、六年抑或更早，《史記》《漢書》並未作明確交代，即使「定豫章」的灌嬰確係陳嬰之誤，也並未解決建郡時間問題。有人認為秦朝已設置豫章郡[6]，依據不足。其實，後人之所以在豫章建郡時間上糾纏不清，主要源於《史記》的幾處記載使人產生疑問，一是灌嬰「遂定吳、豫章、會稽郡」，是說「定」而非「建」，表明在「定」之前豫章與會稽一樣已經建郡。二是《史記・黥布列傳》關於定封英布為淮南王的一段文字：

（漢高祖）四年七月，立布為淮南王，與擊項籍……項籍死，天下定，上置酒……布遂剖符為淮南王，都六，九江、廬江、衡山、豫章郡皆屬布。

有論者以為項羽死後，英布即以淮南王受封九江、廬江、衡山、豫章四郡，既然「九江、廬江、衡山、豫章郡皆屬布」，且其中三郡已被定論或被有關學者（譚其驤）考證為秦朝所置郡，則豫章也肯定建郡於秦朝。同時，英布封王就國時，豫章尚未平

6　肖華忠：《秦置豫章郡的歷史地理探討》，見《南方文物》一九九六年第四期。

定，則又排除了漢朝先建郡再劃歸英布的可能。[7]對於這兩處記
載，筆者認為：

一、僅就文字而言，根據《史記》的行文特點，灌嬰「遂定
吳、豫章、會稽郡」中的豫章可以理解為郡名，但並不能肯定就
是秦郡，也有可能是漢代政區名稱，還有可能只是一般地名。查
考《史記・高祖功臣侯者年表》，在記述某人平定某地時並非全
用秦朝政區名，而是有時用秦朝政區名，有時用先秦故國名或項
楚封國名，有時也用漢朝政區或一般地域名，茲舉幾例以資說
明：

（周勃）以中涓從起沛，至霸上，為侯。定三秦，食邑，為
將軍。入漢，定隴西，擊項羽，守嶢關，定泗水、東海。

（灌嬰）以中涓從起碭，至霸上，為昌文君。入漢，定三
秦，食邑。以車騎將軍屬淮陰，定齊、淮南及下邑，殺項籍。

（陳賀）以舍人前元年起碭，以左司馬入漢，用都尉屬韓
信，擊項羽有功，為將軍，定會稽、浙江、湖陽，侯。

其中，「定泗水、東海」，泗水是秦郡名（漢改稱沛郡），東
海是秦漢郡名；「定齊、淮南及下邑」，齊是先秦故國、項楚封
國和漢封國名，淮南是漢封國或地域名，下邑是秦漢縣名；「定
會稽、浙江、湖陽」，會稽是秦漢郡名，浙江（今富春江）應指

7　詳見肖華忠《秦置豫章郡的歷史地理探討》。

該江流域，是地域名，湖陽是秦漢縣名。前引陳嬰「定豫章、浙江都浙自立為王壯息」，「浙」，《漢書》作「漸」，即浙江上源之一的漸水（今新安江），全句似乎可以理解為：平定豫章地區和自立為王、建都漸（具體地點不詳），活動於浙江流域的壯息。所以，不能因為「遂定吳、豫章、會稽郡」中豫章與會稽郡並列行文，就說豫章是郡名，更不能以此判斷是秦郡。

二、關於英布剖符封王的材料，與豫章並列的九江、廬江、衡山都是秦郡不錯，但也是漢郡。[8]從記載來看，說英布封王就國時豫章尚未收復是缺乏依據的。首先，對於「項籍死，天下定，上置酒……布遂剖符為淮南王，都六，九江、廬江、衡山、豫章郡皆屬布」的記載，論者往往忽略「天下定，上置酒」幾個關鍵字，在時間上造成項羽一死，英布便剖符就國的錯覺。實際上，高祖四年十二月項羽敗亡後，漢軍隨即分兵各地追剿殘敵，陳嬰、陳賀等奉命討平江南，進展順利，只遇到諸如浙江壯息之類的勢力抵抗，因而短期內便迅速平定了豫章、會稽等地。所以，「天下定，上置酒」，慶祝勝利，然後調整諸侯王封地，如改齊王韓信為楚王，徙衡山王吳芮為長沙王，加封建成侯彭越為梁王，故韓王信為韓王。[9]英布也正式剖符為淮南王，並獲得九江、廬江、衡山、豫章郡作為封地。在此期間，豫章地區已經平定且新置為郡，是完全可能的。

8　周振鶴·《西漢政區地理》，人民出版社一九八七年版，第47-51頁。

9　見《史記》卷八《高祖本紀》《漢書》卷二下《高帝紀》。

總之，豫章是在垓下之役後的漢高祖五年（前 202 年）初平定的，其設郡時間大致也在這個時段。

　　豫章郡治南昌城，亦名豫章城。由於千百年來一直相傳是由灌嬰督建的，所以南昌漢代故城又稱「灌嬰城」或「灌城」。據說南昌城共辟六門：南有南門、松陽門，西有皋門、昌門，東、北有東門、北門。**[10]**城址在今南昌市東南郊湖坊鄉的黃城寺一帶，距離南昌火車站約四公里。豫章郡得名之由來有三說：

　　（1）因盛產樟樹而得名。豫章城南「（松陽）門內有樟高七丈五尺，大二十五圍，垂蔭數畝。《漢官儀》曰『豫章郡（章）樹生庭中』，因以為名。」**[11]**

　　（2）因豫章水而得名。贛江，《漢書・地理志》、《後漢書・郡國志》皆稱「豫章水」，「雷次宗云似因此水為其地名」**[12]**，清人顧棟高則斷言「漢豫章郡正以豫章水得名」**[13]**。雷氏並未確定，顧氏則蓋棺定論，過於牽強。也許恰好相反，兩漢書是以郡名而稱水名，因為成書於戰國至漢初的《山海經》和稍後的《水經》（大約成書於漢魏間）皆稱「贛水」而非「豫章水」，說明

<hr />

10　〔宋〕李防等:《太平御覽》卷一八三《居處部十一》引雷次宗《豫益記》，文淵閣《四庫全書》本。

11　〔宋〕李石:《續博物誌》卷四，文淵閣《四庫全書》本。〔漢〕應劭《漢官儀》曰:「凡郡，或以列國，陳、魯、齊、吳是也或以所出，金城城下有金，酒泉泉味如酒，豫草章（樟）樹生庭中，脱門脱之所育是也」見〔清〕孫星衍等輯《漢官六種・漢官儀捲上》，周天游點校，中華書局一九九〇年版。

12　《水經注》卷三九《贛水》。

13　〔清〕顧棟高:《春秋大事表・附錄》，中華書局一九九三年版。

贛水之名出現更早，豫章水是贛水的別稱。後豫章水又稱豫章江，唐時因避代宗李豫之名諱，一度簡稱章江，並非有人說的改稱贛江，[14]贛江之名應該出現最早。

（3）豫章北來說。據《左傳・昭公十三年》載：「楚師還自徐，吳人敗諸豫章，獲其五帥。」杜預注云：「定（公）二年，楚人伐吳師於豫章，吳人見舟於豫章而潛師於巢，以軍楚師於豫章。又柏舉之役，吳人舍舟於淮，自豫章與楚夾漢。此皆當在江北淮水南，蓋後徙江南豫章。」不知依據何在？既然言「蓋」（大概），可見也是一種臆測。[15]又南朝宋高祖義熙八年謀伐劉毅，遣王鎮惡為前鋒，「鎮惡受命，便晝夜兼行，於鵲洲、尋陽、河口、巴陵守風凡四日，十月二十二日，至豫章口，去江陵城二十里」[16]，此豫章顯然在江北，而非漢之豫章郡，當是《左傳》所記豫章。因此，所謂「蓋後徙江南豫章」全不可信，只是江北豫章屬於小地名而不見記載而已。

豫章設郡，是江西歷史上的一件大事，是贛鄱流域自新石器時代開始物質文明不斷髮展的結果。江西先秦考古的重大成果如萬年仙人洞新石器文化、樟樹吳城遺址和新干大洋洲商墓所呈現的青銅文化、瑞昌商代銅礦遺址、鷹潭角山商代窯址、新干戰國糧倉遺址以及貴溪崖墓文化，等等，足以證明這一點。雖然由於

---

14 陳文華、陳榮華主編：《江西通史》，、江西人民出版社一九九九年版，第100頁。
15 參閱〔清〕高士奇《春秋地名考略》卷九，文淵閣《四庫全書》本。
16 《宋書》卷四五《王鎮惡傳》。

江西偏離各個政治中心，與越族雜居，有「吳頭楚尾」或「楚尾吳頭」之稱，大部分地區在秦代尚未脫離荒涼、封閉狀態，但在全國大統一的政治背景下，依託贛鄱地區優越的氣候環境、便捷的水陸交通、豐富的土地、礦產、植物資源和先秦時期奠定的物質基礎，政治、經濟上新的起步已經開始，而豫章郡的設置正是一個標誌。

二　兩漢地方政權組織體系

漢代地方行政，基本沿襲秦朝的郡縣制，所不同者，秦廢分封，實行單一的郡縣制，兩漢則郡國並行，但仍以郡縣製為主。秦統一六國之後，「分天下為三十六郡」，後又增至四十餘郡。西漢隨著疆域開拓，郡、國不斷增多。據統計，漢平帝時，共有郡國一百〇三個，縣邑一千三百一十四個，其中郡有八十七個；東漢順帝時，共有郡國一百〇五個，其中郡有七十九個。

郡是地方最高行政機構，其組織仿照中央，郡守相當於丞相，郡尉（都尉）相當於太尉；監御史相當於御史大夫。三者分掌一郡的行政、軍事、監察之權。

郡守，漢景帝中元二年（前 148 年）更名太守，新莽時改稱連率。太守乃一郡之長，「秩比二千石」（俗稱二千石官），下設郡丞或長史為助理。郡守皆為朝廷所任命，須剖符為據（虎符或竹使符，君臣各執其半），代表皇帝治理一郡，所以除對朝廷負責外，在一郡之內則是郡守專制。其職權相當廣泛，凡民政、財政、司法、教育、選舉以及軍事等，幾乎職無不總。由於郡守官職十分重要，郡守治理的好壞，關係到整個國家的興衰，因此，

朝廷非常注重郡守人選，如宣帝每次任命刺史、守、相時，必親自召見，聽其言，察其行，勸誡勉勵，常說：「庶民所以安其田裡而亡嘆息愁恨之心者，政平訟理也。與我共此者，其唯良二千石乎。」**[17]** 政績優異者必獲晉陞賞賜，政績敗壞者也會受到嚴懲。

都尉，掌佐太守分管軍事，「秩比二千石」，地位僅次於太守。秦時名尉，漢景帝二年（前 155 年）更名都尉。東漢建武六年（30 年）罷郡國都尉，內郡不再設置該職。都尉負責郡內一切軍事行動，每年都試（軍士考核），也由都尉主持。其日常事務為維護境內治安。內地郡只設一個都尉。邊郡因邊防需要，往往分置部都尉，如東部尉、中部尉、西部尉、南部尉、北部尉，一般都設在郡內戰略要地。也有只設一個都尉而與太守分治兩處的，如豫章郡都尉便設在郡治西南的新淦（今江西樟樹市）。

監御史，漢初沿秦制設有此官，地位不高，但職權很大，上屬中央御史大夫，掌一郡之監察。漢武帝劃全國為十三部州，以刺史監察郡國後，廢而不用。

郡之下是縣，縣分為兩等，萬戶以上的縣，其長官稱令，秩千石至六百石；萬戶以下稱長，秩五百石至三百石。縣令、長「皆有丞、尉，秩四百石至二百石，是為長史。百石以下有斗食、佐史之秩，是為少吏」**[18]**。秦時全國設縣，少數部族地區則置道。漢代列侯所食縣稱為國。皇太后、皇后、公主所食之地稱

17　《漢書》卷八九《循吏傳》。
18　《漢書》卷一九上《百官公卿表》。

為邑，同時保存了秦代的道。漢平帝時，全國有縣、道、國、邑共一千五百八十七個，東漢順帝時一千一百八十個。武帝時改列侯所食縣的令長為相，新莽時，縣令、長更名縣宰。

縣令、長是一縣之最高長官，下有丞一人，管文書、穀倉和監獄，相當於副令長。縣尉亦為令長佐官，大縣二人，小縣一人，掌本縣治安、捕盜賊。縣級官吏除令長及其佐吏縣丞、縣尉由朝廷任免外，其他諸曹掾、屬的設置大致和郡的掾屬差不多，皆由令長自行任命。

縣以下最基層的行政機構是鄉，「大率十里一亭，亭有長。十亭一鄉，鄉有三老、有秩、嗇夫、游徼。三老掌教化。嗇夫職聽訟，收賦稅。游徼禁賊盜。縣大率方百里，其民稠則減，稀則曠，鄉、亭亦如之，皆秦制也」[19]。可見，鄉里基層官吏雖非朝廷正式任命，但其地位至為重要，凡國家賦稅、徭役、兵役以及地方教化、獄訟、治安等，皆由鄉里官吏承擔。根據戶口多少，鄉官的設置略有差異，有五千戶以上的鄉，由郡派一名有秩，不滿五千戶的，由縣派一名嗇夫。鄉以下為里，里設里正一人，掌一里百家諸事，裡有圍牆，設監門。裡之下，十家為什，五家為伍，相互監督、擔保，以便國家控制。漢平帝時，全國有鄉六千六百二十二個。由於鄉是地方行政基層組織，凡是徭役的分派、賦稅的徵收等，都由鄉官直接督辦，因事關國家財政命脈、軍隊來源及社會治安，所以漢代統治者非常重視鄉里建設。

19　《漢書》卷一九上《百官公卿表》。

　　與郡縣制並行的有王國製（分封制），直屬於中央的為郡，封王的地區則為國。西漢初年，有異姓王國七個。劉邦翦滅異姓諸王后，認為秦朝之所以孤立而亡，是因為沒有分封同姓子弟，乃與大臣殺白馬為誓曰：「非劉氏而王者，天下共擊之！」先後分封九個同姓子弟為王，是為燕、代、齊、趙、梁、楚、吳、淮南、長沙國。諸侯王權力很大，在封國內除丞相由中央任命外，「百官如漢朝」，「皆自置之」。文帝后，王國勢力日益膨脹，向割據一方的獨立王國發展。他們「大者跨州兼郡，連城數十」，「出入擬天子」，使中央直轄郡僅剩十五個。終於造成吳楚七國之亂。七國之亂被平定後，景帝、武帝連續採取嚴厲措施削弱王國勢力，王國不再領郡，只在其封國內衣食租稅而已。嚴耕望認為郡國並立「乃西漢末年制度，亦即武帝以後製度」，漢初「諸侯王國不僅極大，而且國內轄郡」[20]，是不無道理的。

　　為了加強對地方郡國的監察，漢武帝元封五年（前108年），又把全國劃為豫、冀、兗、徐、青、荊、揚、益、涼、朔方、並、幽、交等十三個監察區，稱為部或州，各設刺史一員進行監察。刺史原本選派秩位較低的官員（秩僅600石）擔任，他們既無僚屬，也無固定治所。但秩卑而權重，每年定期巡察督刺本部郡守，按六條問事：

20　嚴耕望：《中國地方行政制度史》（甲部），《秦漢地方行政制度》，台北中央研究院歷史語言研究 所一九九七年版，第35頁。

（1）強宗豪右，田宅逾制，以強凌弱，以眾暴寡；

（2）二千石不奉詔書遵承典制，旁詔守利，侵漁百姓，聚斂為奸；

（3）二千石不恤疑案，風厲殺人，怒則任刑，喜則淫賞，煩擾苛暴，剝截黎元，山崩石裂，祅祥訛言；

（4）二千石選署不平，苟阿所愛，蔽賢寵頑；

（5）二千石子弟恃怙榮勢，請託所監；

（6）二千石阿附豪強，通行貨略，割損政令。

可見，六條問事主要是督刺二千石郡守。但後來監察範圍逐漸擴大，凡州內朝廷命官都在督刺之列，地方政績如何，全憑刺史上奏，郡守對刺史多敬而畏之，刺史逐漸干預地方行政，久而久之，也就演變為固定的地方最高軍政長官，地方行政機構也由郡、縣兩級演變為州、郡、縣三級。當然，地方三級制確立的時間很晚，其標誌是漢靈帝中平五年（188 年）刺史改為州牧，這已是東漢晚期的事了。

三　豫章郡轄境及其沿革

西漢時期的豫章郡，郡治南昌（今南昌市）。建立之初，劃歸異姓王英布的淮南國，英布叛亂被平定後，為中央直轄郡，漢文帝十六年（前 164 年），屬廬江國，漢景帝四年（前 153 年）復為中央直轄。漢武帝劃分全國為十三部州後，屬揚州刺史

部[21]。豫章郡共轄十八縣，其名稱、建置等出自《漢書‧地理志》，現將原文並顏師古注文摘錄如下：

豫章郡，高帝置。莽曰九江。屬揚州。戶六萬七千四百六十二，口三十五萬一千九百六十五。縣十八：南昌，莽曰宜善。廬陵，莽曰桓亭。彭澤，《禹貢》彭蠡澤在西。鄱陽，武陽鄉右十餘裡有黃金采。鄱水西入湖漢。莽曰鄉亭。（孟康曰：「鄱，音婆。」師古曰：「采者，謂採取金之處。」）歷陵，傅易山、傅易川在南，古文以為傅淺原。莽曰蒲亭。（師古曰：「傅讀曰敷。易，古陽字。」）余汗，餘水在北，至鄡陽入湖漢。莽曰治干。（應劭曰：「汗音干。」師古曰：「鄡音口堯反。」）柴桑，莽曰九江亭。艾，修水東北至彭澤入湖漢，行六百六十里。莽曰治翰。贛，豫章水出西南，北入大江。（如淳曰：「音感。」）新淦，都尉治。莽曰偶亭。（應劭曰：「淦水所出，西入湖漢也。」師古曰：「淦音紺，又音古含反。」）南城，盱水西北至南昌入湖漢。（師古曰：「盱音香於反。」）建成，蜀水東至南昌入湖漢。莽曰多聚。宜春，南水東至新淦入湖漢。莽曰修曉。海昏，莽曰宜生。（師古曰：「即昌邑王賀所封。」）雩都，湖漢水東至彭澤入江，行千九百八十里。（師古曰：「音於。」）鄡陽，莽曰豫章。南，彭水東入湖漢。安平。侯國。莽曰安寧。[22]

---

21 參閱周振鶴《漢書地理志匯釋》，安徽教育出版社二〇〇六年版。
22 《漢書》卷二八上《地理志》。

按上文記載順序，十八縣依次是：南昌、盧陵、彭澤、鄱陽、歷陵、余汗、柴桑、艾、贛、新淦、南城、建成、宜春、海昏、雩都、鄡陽、南壄、安平。這些縣具體的轄區範圍很難查考，今參照吳宗慈《江西省古今地理沿革總略》和譚其驤《中國歷史地圖集》第二冊，略述如下：

南昌縣，豫章郡治所在地，治今南昌市東南。轄區範圍包括今南昌、新建、豐城、進賢等地。漢高祖五年（前 202 年），灌嬰奉命「定豫章」，後人據此認為南昌城乃灌嬰督建，遂有「灌嬰城」或「灌城」之稱。南昌位於長江流域贛江東岸，水陸交通方便，秦時便可能是用兵百越的一個中轉之地。漢初，其鎮守南疆的戰略地位日益彰顯，成為漢武帝平定南越、閩越時集結軍隊的重地。此後，在全國的地位逐漸上升，至今仍是江西地區政治、經濟、文化的中心。

盧陵縣，治今泰和縣西南，轄地範圍較大，估計相當於今吉安、泰和、永豐、遂川、萬安、永新、井岡山和吉水一部分。地處贛中地區的贛江南岸，是豫章通往嶺南的必經之地，東漢末孫吳政權以其為中心設立盧陵郡，後歷經變遷，東晉後逐漸廢棄。今在泰和縣西南三公里處發現一座大型古城遺址，經勘查即漢代盧陵城址，亦稱白口城。

彭澤縣，治今湖口縣南，轄地包括今彭澤、湖口縣全境，都昌縣及安徽宿松、望江、東至縣一部分，以「《禹貢》彭蠡澤在西」而得名。鄱陽縣，秦稱「番」，治今鄱陽縣東，轄地大致相當於今鄱陽、景德鎮、浮梁及萬年的一部分。因位於漢之鄱水北岸而得名。歷陵縣，治今德安縣東，轄境與今德安縣大致相近。

柴桑縣，治今九江市西南，轄地相當於今九江、瑞昌、星子等市縣。海昏縣，治今永修縣，轄地包括今永修、安義、奉新、靖安、武寧等地。鄡陽縣，治今都昌縣東南，大致管轄今都昌和鄱陽的各一部分。

彭澤、鄱陽、歷陵、柴桑、海昏、鄡陽六縣，是在秦置番縣的基礎上發展而來的，這裡地靠長江、彭蠡澤，地理位置優越，物產豐富，既是魚米之鄉，又擁有銅礦、黃金等礦物資源，因而成為江西歷史上開發最早、發展最快，並藉此帶動整個江西發展的地區。

余汗縣，治今余干縣，這裡是越人活躍的地區之一，具有東控閩越的重要地位。轄區較為廣闊，今之贛東地區大部分及贛北、贛中的一部分如余干、樂平、德興、余江、上饒、弋陽、貴溪、鷹潭、廣豐、橫峰及萬年、玉山、鉛山、東鄉的一部分，可能都在其轄區之內。當然，受自然條件等因素限制，終兩漢之世，很多地方都是它無力直接控制的。

艾縣，治今修水縣西，轄境相當於今修水和銅鼓縣。位於修水上游、幕阜山脈和九嶺山脈之間，今贛、鄂、湘三省交界處。艾地雖然山高林密，地方偏僻，卻是江西歷史上見於記載的最早的地名，也可能是江西歷史上最早的縣級機構所在地。

建成縣，治今高安市筠陽鎮，轄區範圍大致包括今高安、上高、宜豐等地及萬載的一部分。建成位於贛江支流錦江（漢稱蜀江）流域，煤礦資源豐富，是歷史上最早發現和使用煤炭的地

方。[23]

　　新淦縣，治今樟樹市，轄地相當於今樟樹、新干、峽江及新余、樂安一部分。這裡是豫章郡通向贛南的第一個中繼點，軍事戰略地位重要，故是郡都尉治所。

　　宜春縣，治今宜春市，轄地相當於今宜春、分宜、萍鄉等地及萬載、新余一部分。

　　安平縣，治今安福縣東，轄區大致包括今安福大部和吉安、吉水各一部分。

　　南城縣，治今南城縣東，位於贛中的東部，類似於餘汗，地方較廣而僅設一縣，所轄範圍可能包括今南城、資溪、黎川、南豐、廣昌、樂安、宜黃、崇仁、臨川、撫州、金溪全部及東鄉南部、寧都北部。這裡也是閩越活動區域，在此設縣的初衷，當是與餘汗遙相呼應，以扼制閩越。

　　贛縣，治今贛州市西南；雩都縣，治今於都縣；南壄，治今南康縣。這三縣顯然是在秦軍事據點南壄（後可能設縣）的基礎上發展而來，轄地幾乎包含了整個贛南地區。三縣地處贛江源頭，緊密相鄰，以贛縣為中心互為犄角，扼守南越出口的意圖相當明顯。漢武帝時成為漢軍出擊南越的橋頭堡和休整地。

　　綜上所述，豫章十八縣分佈的特點，一是依憑自然形勢，靠近江河湖泊；二是分布密度小，地區間置縣不平衡；三是軍事戰

23　《後漢書志》第二十二《郡國志四》注引《豫章記》曰：「縣有葛鄉，有石炭二頃，可燃以群。」

略意圖明顯，邊防地位突出。這與當時江西的地理位置、開發程度等實際情況是相一致的。同時表明，豫章郡所轄十八縣雖然主要集中在贛北，贛中、贛南、贛東、贛西分布稀少，但其轄境已相當於今江西省境的西北、西南、東南和南部等區域，從譚其驤《中國歷史地圖集》第二冊西漢「揚州刺史部」看，今贛東北的婺源在丹陽郡，贛西的蓮花和永新東北、安福西境小部分在長沙國，其餘地區基本與今天相仿而稍有出入（圖 2-1）。

西漢末年，王莽以新朝代漢，為緩解社會矛盾而託古改制，在推行新的經濟政策的同時，濫改制度、名稱，地名亦在更改之列。於是，如前引《漢書・地理志》載文，豫章郡更名九江郡，南昌、廬陵、鄱陽、歷陵、余汗、柴桑、艾、新淦、建成、宜春、海昏、鄡陽、安平等縣，分別改稱宜善、桓亭、鄉亭、浦亭、治干、九江亭、治翰、偶亭、多聚、修曉、宜生、豫章、安寧。豫章十八縣竟有十三縣更名，一度引起地名混亂。

劉秀重建漢朝後，撥亂反正，恢復了西漢時期的郡、縣名稱，西漢武帝時期設置的地方監察區域——州，亦在東漢晚期中央集權削弱、地方勢力膨脹的政治環境下，逐漸演變成為地方最高行政機構，郡縣兩級制遂被州郡縣三級制所取代。在東漢一代近二百年間，隨著經濟開發的加快和人口的持續增長，隸屬於揚州的豫章郡所轄縣數亦有所增加。對此，司馬彪《續漢書・郡國四》記載了二十一個（含侯國 2 個），劉昭注引《豫章記》增補五個，原文並注文如下：

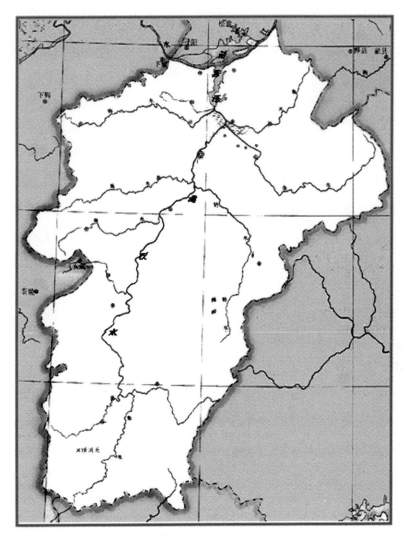

圖 2-1　西漢豫章十八縣示意圖[24]

24　據譚其驤《中國歷史地圖集》第二冊「西漢『揚州刺史部』」修改。

豫章郡（高帝置。雒陽南二千七百里。）二十一城，戶四十萬六千四百九十六，口百六十六萬八千九百六。（《豫章記》曰：「新吳、上蔡、永修縣，並中平立。豫章縣，建安立。上蔡民分徙此地，立名上蔡。」）

南昌（《豫章記》曰：「江、淮唯此縣及吳、臨湘三縣是令。」）建城（此地立名上蔡者。《豫章記》曰：「縣有葛鄉，有石炭二頃，可燃以爨。」）新淦、宜春、盧陵（興平元年，孫策分立盧陵郡。）贛有豫章水。雩都南野有台領山。南城鄱陽有鄱水。黃金采。（建安十五年，孫權分立鄱陽郡，治縣。）歷陵有傅昜山。余汗、鄡陽、彭澤彭蠡澤在西。柴桑艾（《左傳》哀二十年吳公子慶忌所居。）海昏侯國。（在昌邑城。《豫章記》曰：「城東十三里，縣列江邊，名慨口，出豫章大江之口也。昌邑王每乘流東望，輒憤慨而還，故謂之慨口。」）平都侯國，故安平。石陽臨汝永元八年置。建昌永元十六年分海昏置。[25]

由此可知，漢和帝永元八年（95年），從新淦、盧陵兩縣中分出石陽縣（今吉水縣北），從南城縣中分出臨汝縣（今臨川縣）；永元十六年（104年），從海昏縣中析出建昌縣（轄境相當於今奉新、靖安縣）；漢靈帝中平年間（184-189年），增設新吳

25　《後漢書志》第二十二《郡國志四》並注引雷次宗《豫章記》。按・范曄《後漢書》九十卷，無志，〔南梁〕劉昭注《後漢書》時補入〔晉〕司馬彪《續漢書・志》三十卷。百衲本合為一百二十卷，中華書局標點本則以《後漢書志》編於範本《後漢書》後。

（今奉新縣西）、永修、漢平（今樟樹市西南）、上蔡（今上高縣）四縣；漢獻帝建安年間（196-220 年），增設豫章縣。至此，豫章郡由十八縣增加為二十六個縣[26]。

東漢末年隨著黃巾起義的失敗，天下大亂，大小軍閥紛紛擁兵割據，東漢王朝在大軍閥董卓、曹操的先後把持下，名存實亡。當時的江西處於孫吳境內，且因其位於東吳腹地而成為東吳仰賴的人力、物力和財力供應基地之一。所以，孫吳集團對江西地區的經濟開發和政區建置十分重視，郡縣數量驟然增多，由東漢時期的一郡二十六縣猛增為三郡三十五縣[27]：

豫章郡，治南昌。轄十六縣：南昌、海昏、新淦、建城、上蔡、永修、建昌、吳平、西安、彭澤、艾、宜豐、陽樂、富城、新吳、鐘陵。

盧陵郡，治西昌（今泰和）。轄十縣：西昌、高昌、石陽、巴邱、南野、東昌、新興、吉陽、興平、陽城。

鄱陽郡，治鄱陽。建安十五年（西元 210 年），孫權在鎮壓了彭虎等數萬人的反抗後「分豫章為鄱陽郡」。轄九縣：鄱陽、廣晉、樂安、余汗、鄡陽、歷陵、葛陽、上饒、建平。

豫章郡的設置及其發展，是秦漢統一局面形成的結果，也是

26　許懷林：《漢代江西的農業》，《農業考古》一九八七年第二期。
27　以下郡縣設置情況引自許懷林《江西史稿》江西高校出版社一九九三年版，第 57-58 頁。案：《三國志》卷五一《吳書·孫賁傳》裴注引《江表傳》曰：「丹楊僮芝自署盧陵太守。」後豫章太守孫賁弟輔得周瑜之助，進占盧陵。則知盧陵設郡實乃僮芝所為，孫吳因而不改。

江西政治、軍事地位上升和經濟、文化發展的標誌。漢代豫章郡雖不完全等同於後來之江西，但作為行政區劃，江西源自於豫章，人們也常用豫章指代江西，可見其對後世影響之深遠。

四　豫章郡官吏及其事蹟

見於記載的豫章郡官吏不多，且事蹟簡單，有的甚至只留下了名字。但兩漢相比較，東漢明顯增多，從中可以看出當時江西地區在全國地位的變化。這些官員除個別外，多數皆為官清正，頗有政績，且有不少飽讀經書、學識淵博者，這對維護地方安定、移風易俗、發展經濟都是大有裨益的。因記載事蹟的官吏有限且簡略，故僅列表介紹，註明史料來源，以供研究者參考。又由於孫吳時期的廬陵、鄱陽等郡皆由豫章析出，所以也都列在表內。另，豫章郡內曾封過幾個侯國，如建成侯、宜春侯、海昏侯、安平侯等，因非郡縣行政官職，一概不予列入。

表 2-1 西漢豫章郡官吏表[28]

姓名	籍貫	官職	任職時間	在職事蹟	史料出處
唐蒙		番陽令	武帝時	出使南粵、西南夷等	《漢書》卷九五《西南夷南粵王閩粵王朝鮮列傳》。
孫萬世		豫章太守卒史	昭帝末宣帝初	問悔昏侯劉賀前被廢時緣何聽人奪其璽綬，又以賀且王豫章，不久為列侯。	《漢書》卷六三《武五子傳》。
廖		豫章太守	宣帝時	神爵三年（前59年）海昏侯劉賀薨，廖奏言宜以禮絕賀。	《漢書》卷六三《武五子傳》
梅福	九江壽春人	補南昌尉	成帝時		《漢書》卷六七《梅福傳》

28　本表及表 2-2，據鄭州大學張文敏碩——上論文《揚州官吏考析》而增改。（見中國知網：www.cnk1, net）

姓名	籍貫	官職	任職時間	在職事蹟	史料出處
毋將永	蘭陵人	豫章都尉	平帝時		《漢書》卷八八《儒林傳》
慶普		豫章太守	西漢末		同上
夏侯定國		豫章太守	西漢末		《漢書》卷七五《夏侯勝傳》
鄧宏	南陽新野人	豫章都尉	西漢末		《後漢書》卷一五《鄧晨傳》
賈萌		九江連率	新莽時	守郡不降，為漢兵所誅。	《漢書》卷九九《王莽傳下》

表2-2 東漢豫章郡官吏表

姓名	籍貫	官職	任職時間	在職事蹟	史料出處
周生豐	太山南武陽人	豫章太守	建武七年	清約儉惠	《後漢書》卷二八注引《馮衍傳》注引《豫章舊志》

姓名	籍貫	官職	任職時間	在職事蹟	史料出處
李忠	東萊黃人	豫章太守	建武十四年		《後漢書》卷二一《李忠傳》
張躬		豫章太守	和帝時	築塘以通南路，兼遏此水。	《水經注》卷三九《贛水注》。
劉祗		豫章太守	安帝時	元初七年，郡界有芝草生，太守劉祗欲上言之，以問檀。檀對曰：「方今外戚豪盛，陽道微弱，斯豈嘉瑞乎？」祗乃止。	《後漢書》卷八二下《方術列傳》
欒巴	魏郡內黃人	豫章太守	順帝時	郡土多山川鬼怪，巴素有道術，乃剪理奸巫，後妖異自消。百姓始頗為懼，始皆安之。	《後漢書》卷五七《欒巴傳》

姓名	籍貫	官職	任職時間	在職事蹟	史料出處
張雲		豫章太守	順帝時	舉郡人陳重孝廉，明年舉郡人雷義孝廉。	《後漢書》卷八一《狂列列傳》。
虞續		豫章太守	順帝末		《後漢書》卷六《孝順孝沖孝質帝紀》。
陳蕃	汝南平輿人	豫章太守	桓帝時	性方峻，不接賓客，士民亦畏其高。	《後漢書》卷六六《陳蕃傳》。
王永		豫章太守	桓帝時	陳翔為揚州刺史，奏其阿附宦官。	《後漢書》卷六七《黨錮列傳》。
劉寵	東萊牟平人	豫章太守	桓帝時	寵簡除煩苛，禁察非法，郡中大化。	《後漢書》卷七六《循吏列傳》
祝恬	盧奴人	豫章太守	桓帝時		《風俗通義・窮通第七》
朱皓	會稽上虞人	豫章太守	獻帝時		《後漢書》卷七一《朱儁儁傳》。

姓名	籍貫	官職	任職時間	在職事蹟	史料出處
步騭	臨淮淮陰人	悔鹽長、鄱陽太守	獻帝時		《三國志》卷五二《吳書·步騭傳》。
諸葛玄	琅邪陽都人	豫章太守	獻帝時		《三國志》卷三五《蜀書·諸葛亮傳》
華歆		豫章太守	靈帝時	郡人徐胤篤行孝梯，欲禮請相見，胤固病不詣。	《後漢書》卷五三《徐稚傳》。
孫賁	吳郡富春人	豫章太守	獻帝時	建安十三年（208年），使者劉隱奉詔拜賁為討虜將軍，領郡如如故。在職十一年。	《三國志》卷五一《吳書·宗室傳》。
孫輔	吳郡富春人	盧陵太守	獻帝時		《三國志》卷四六《吳書·孫破虜討逆傳》。

姓名	籍貫	官職	任職時間	在職事蹟	史料出處
顧邵	吳郡吳人	豫章太守	獻帝時	下車祀先賢徐孺子之墓，優待其後；禁其淫祀非禮之祭者。小吏資質佳者，輒令就學，擇其先進，擢置右職，舉善以教，風化大行。	《三國志》卷五二《吳書・顧雍傳》。
張敦	吳郡人	海昏令	獻帝時	甚有惠化。	《三國志》卷五二《吳書・張顧諸葛步傳》裴注。
封祈	汝南人	豫章太守	不詳		《風俗通義・十反第五》
函熙		豫章太守	不詳		《風俗通義・佚文》

第二節 ▶ 豫章郡在兩漢時期的戰略地位

豫章郡背依西山，面向鄱湖，「襟三江而帶五湖，控蠻荊而引甌越」[29]，所轄範圍「地方千里，水路四通」[30]。在西漢建立之初，因南越尚在漢境之外，閩越、東甌又時懷異心，豫章郡東連閩、南通粵的交通地理位置，特別是「控蠻荊而引甌越」的邊防地位，很快凸顯出來。

一　豫章郡在平定南越、閩越期間的地位和作用

西漢前期，百越地區形勢錯綜複雜，南越、閩越、東海三個王國雖然都接受了漢朝的冊封，向漢朝通使稱臣，但各有割據一方之野心。漢初採用羈縻政策，對其加以攏絡，勉強維持南疆穩定。漢武帝即位後，依靠七十多年積累起來的強盛國力，對南越、閩越實施打擊，徹底粉碎了南越相呂嘉、東越王（由閩越分出）余善的叛亂，使百越之地盡入漢朝版圖。

1. 漢武帝平定南越相呂嘉的叛亂

秦漢之際，延續七年之久的戰亂波及全國各地，秦定百越後設置的閩中、南海、桂林、象等郡也發生了重大變化。嶺南因山隘阻隔，早在陳勝、吳廣起義爆發後即斷絕了與秦朝的關係，原南海龍川令、真定（今河北正定）人趙佗，在郡尉任囂病故後接

29　〔唐〕王勃：《滕王閣序》。
30　〔宋〕樂史：《太平寰宇記》卷一○六《江南西道四》引雷次宗《豫章紀》。

任其職，「即移檄告橫浦、陽山、湟谿關曰：『盜兵且至，急絕道聚兵自守！』」並「誅秦所置吏」而安插自己的親信。秦朝滅亡後，趙佗趁楚漢相爭正酣時，於漢高祖三年（前 204 年）出兵吞併桂林和象郡，「自立為南越武王」，建立起一個割據嶺南的南越國。**31**

西漢初年，因天下新定，百業待舉，漢高祖無暇顧及南疆之事。直至高祖十一年（前 196 年），才始命陸賈攜印璽至南越都城番禺，擬冊封趙佗為南越王。陸賈施展口辯之才曆數南越與中原交好的利害關係，使趙佗由輕慢、猜疑到欣然接受南越王封號，「與剖符通使，和集百越，毋為南邊患害」，成為漢朝與長沙國、豫章郡結境的地方王國。

漢朝的羈縻政策在「和集百越」方面起到了一定作用，趙佗基本能夠做到「稱臣奉漢約」**32**，每年定期向漢貢獻地方特產，並在邊關開市，與漢互通有無。但這種君臣關係又很特殊，南越王在政治上的獨立性遠大於中原王國，因此，漢與南越的關係一直磕磕絆絆，時好時壞，南越既防漢朝吞併，漢朝更對南越懷有高度戒備心理。高祖去世後，惠帝尚能繼續執行「和集百越」政策，呂后掌權後，因擔心南越經濟強盛對漢不利，一改過去互通貿易的方針，於高後五年（前 183 年）夏五月，下令禁止向南越

31　事見《史記》卷一一三《南越列傳》《漢書》卷九五《西南夷兩粵朝鮮傳》。以下引文未注出處者皆見本傳。

32　《漢書》卷四三《陸賈傳》。

輸出鐵器和雌性馬、牛、羊，以遏制南越農、牧業生產的發展。趙佗深為不滿，遂遷怒於長沙王，認為漢朝此舉必是長沙王讒言所致，[33]因此遣使至長安交涉，希望解除禁令，恢復貿易。但呂后非但不依，還扣押南越使者。同時，趙佗又風聞在真定的祖墳被毀，宗族被殺，一怒之下，於高後五年（前 183 年）自立為「南越武帝」，並發兵攻打長沙國，連破邊境數縣而去。

趙佗的公開為敵，使呂后決心剷除南越國，於高後七年（前 181 年）發兵討伐。但因南方炎熱，漢軍士兵不服水土，疾疫瀰漫，大軍駐留於湘粵邊界一年多。次年，隨著呂后的去世，漢朝欲用武力解決南越國的企圖以失敗告終。漢文帝即位後，迫於北方匈奴的巨大壓力，恢復高祖的「和集百越」政策，再次起用陸賈持詔書出使南越，勸諭趙佗去掉帝號，繼續與漢保持君臣關係。為表誠意，趙佗當即進獻白璧、翠鳥、犀角、紫貝、生翠、孔雀等珍物，並表示「願奉明詔，長為藩臣，奉貢職」。

漢武帝即位後，西漢經長期休養生息，經濟發展，府庫充實，國力強盛，南越國君更希望以漢朝為宗主和靠山。因而，武帝建元四年（前 137 年）趙佗去世後，先後繼立的趙胡、趙嬰齊，一直保持親漢關係。武帝元鼎四年（前 113 年）趙興繼位後，因其母太后樛氏乃趙嬰齊為質長安時所娶邯鄲女，自己又出

---

33 高祖徙封吳芮為長沙王時，是以海南、桂林、象郡屬長沙國的，而後又立實際擁有此三郡的趙佗為南越王。可能趙佗認為長沙王會因此忌恨自己，於是遷怒於他。

生於長安，所以更親近和依賴於漢朝。但熱衷於開疆拓土的漢武帝並不願意看到這個半獨立王國的存在，派樛氏的婚前情人安國少季出使南越，宣召南越王太后和南越王趙興入朝，並遣衛尉路博德率軍屯駐於桂陽（今廣東連縣），以為後援。太后欣然接受，與趙興準備行裝北上朝見漢武帝，但遭到丞相呂嘉的阻撓。

呂嘉乃南越國三代老臣，「宗族官貴為長吏七十餘人，男盡尚王女，女盡嫁王子弟宗室，及蒼梧秦王有連」，他在南越國中威望很高，「粵人信之，多為耳目者，得眾心愈於王」。南越王太后設謀欲除掉呂嘉，漢武帝也派韓千秋與王太后之弟樛樂率兩千漢軍，進入南越。呂嘉見漢軍入境，孤注一擲，煽動越人反漢，於元鼎五年（前 112 年）三月帶兵包圍王宮，攻殺南越王興、王太后及漢朝使者，另立嬰齊之越妻所生子建德為王。同時，設計在距番禺城四十里處圍殲了韓千秋軍二千人。漢武帝見呂嘉公開反叛，乃大赦罪人充軍，徵調江淮以南十萬水師，以路博德為伏波將軍，出桂陽，下湟水；以主爵都尉楊僕為樓船將軍，出豫章，下橫浦；以故越降將歸義侯二人為戈船將軍和下瀨將軍，分出零陵郡（治泉陵，今湖南零陵），一下離水（今廣西灘江），一抵蒼梧（今廣西梧州）；以故越降將馳義侯率巴蜀罪人，發夜郎兵，下牂柯江。五路大軍合計二十餘萬人，分從東、北、西三面合擊番禺。次年冬，楊僕所部精銳士卒率先攻破尋（今廣東韶關曲江至番禺以北一帶）、石門（今廣東番禺西北 20 里）等地，與遲到的路博德軍會合後，兩大主力迅速攻入番禺，守城越兵紛紛投降，呂嘉及南越王趙建德被抓獲並處死。

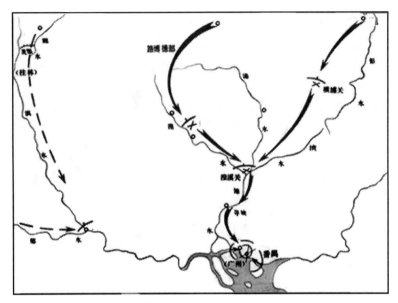

圖 2-2　漢平南越之戰示意圖[34]

　　隨著呂嘉叛亂的平定，南越國宣告滅亡。漢武帝在嶺南地區
分置九郡：南海（治今廣州市）、鬱林（治今廣西桂平）、合浦
（治今廣東合浦東北）、珠崖（治今海南瓊山東南）、蒼梧（治今
廣西蒼梧）、儋耳（治今海南儋縣西北）、交阯（治今越南河內
西北）、九真（治今越南清化西北）、日南（治今越南廣治西北）
諸郡，從此，嶺南地區全部納入漢朝直接統治之下。

34　據陳梧桐、李德龍、劉曙光《西漢軍事史》（《中國軍事通史》第五卷）
　　附圖 2-2 修改，軍事科學出版社一九九八年版。

2. 漢武帝時對閩越叛亂的平定

　　閩越和東甌原是分布在今福建和浙江南部的部族，屬百越諸族之一。秦征百越時，最先平定閩越，並在其地設置閩中郡。因不滿秦朝歧視政策，閩越君無諸、越東海君搖追隨番陽令吳芮，加入了反秦行列。秦亡後，項羽大行分封，卻未給無諸、搖王號，所以二人懷忿反楚，「率越人佐漢」，在楚漢戰爭中立有戰功，漢高祖五年（前 202 年），無諸被冊封為閩越王，都東冶（今福建福州市），統轄原閩中郡故地。搖則因勢力較小，直到漢惠帝三年（前 192 年），「舉高帝時越功，曰閩君搖功多」，深得其民之心，才被立為東海王，都東甌（今浙江溫州），俗稱東甌王。

　　閩越、東甌的形勢十分複雜。漢景帝前元三年（前 154 年），吳王劉濞聯合吳楚等七國叛亂時，曾拉攏閩越王和東甌王參與。閩越王無諸明辨事理，拒絕介入，而東甌王則參與其事。但後來劉濞事敗逃到東甌時，東甌王又殺濞於丹徒。而劉濞之子劉駒逃至閩越，無諸卻待之若上賓，並在劉駒的挑撥、鼓動下，於建元三年（前 138 年）發兵進攻東甌。漢武帝應東甌王之請，發兵救援，無諸不等漢軍到來，趕緊退兵而去。東甌王擔心再遭閩越攻擊，在得到武帝恩准後，率部眾四萬多人遷入江淮之間，定居於廬江郡。於是，東甌故地盡為閩越王所占。

　　面對閩越王的驕橫，漢朝許多大臣視而不見，主張任其自流，致使閩越王更加有恃無恐。漢建元六年（前 135 年），閩越王乘南越武帝趙佗新死，發兵攻打南越。南越王趙胡上書武帝，請求裁決。武帝決定教訓閩越，遣大行王恢出豫章、大司馬韓安

國出會稽，兵分兩路合擊閩越。閩越王之弟余善與同宗貴族合謀殺死閩越王郢，向漢軍投降。漢武帝先後冊封無諸之孫丑為越繇王，余善為東越王，使閩越一分為二，以便控制。但余善「狼戾不仁」，多行不義，表面忠於漢朝，暗地卻與南越相呂嘉勾結。楊僕覺察其心懷不軌，在平定呂嘉之亂後，上書建議漢軍立即揮師東進，討伐余善。武帝擔心「士卒勞倦」，令漢軍留屯豫章、白沙（今江西鄱陽西）、武林（今江西餘干東北）、梅嶺[35]，待機行事。

余善見漢兵壓境，自知反跡敗露，乃於元鼎六年（前 111 年）秋，起兵反漢，自立為「武帝」，封將軍騶力等號「吞漢將軍」，「發兵距漢道」，攻入白沙、武林、梅嶺，殺漢三校尉。漢武帝乃命樓船將軍楊僕出武林；橫海將軍韓說出句章（今浙江慈溪）；中尉王溫舒出梅嶺；弋船、下瀨二將軍出若邪（今浙江紹興）、白沙，數路並發，進攻東越。元封元年（前 110 年）冬，漢軍攻入東越。余善雖然憑險拚死抵抗，其徇北將軍還曾在武林「敗樓船軍數校尉，殺長吏」。但在漢軍優勢兵力打擊下，內部發生分化，東越建成侯敖與繇王居股合謀殺死余善，率部向橫海將軍韓說投降。叛亂迅速被平息，閩越國也隨之覆亡。

3. 豫章郡在漢朝用兵南越、閩越中的地位和作用

豫章郡在漢初的地位一如秦代的江西地區，且在交通、邊防方面的地位和作用進一步上升。秦代江西之地尚無郡級政治中

心，縣級機構也寥寥無幾，秦征百越屯兵於余汗、南壄，主要是依託這裡的自然條件。豫章郡的設置，使漢初南疆有了一個郡級政治中心和邊防重鎮。今人論著每言「南昌」之意，必說「昌大南疆」或「南方昌盛」，不論其出處何在，是否建城時取名之本意，考察漢初閩、粵、贛形勢，結合「南昌」字義，得出這一結論是符合實際情況的。《漢書・地理志》云：「新淦，都尉治。」新淦，治今江西樟樹市，位於南昌城西南約八十公里的贛江中游地段。西漢都尉一般與太守同治郡城，大概因豫章郡域呈狹長形狀，而郡治又稍偏北方，作為與南越、閩越相鄰的邊郡，不利於對南方的軍事行動，故而設都尉於新淦，是為邊防需要考慮的。再從縣級機構設置來看，秦征百越時的兩個集兵點余汗、南壄皆升級為縣，其邊防意義自不待言。值得注意的是，又在通往閩西北的貢水邊上新設雩都縣（治今江西於都東北），在章、貢交匯附近的河套上新設贛縣，還在贛與新淦之間贛水旁增設廬陵縣。這樣布局固然有經濟、人口等社會因素，但東控閩越、南制南越的軍事意圖也是很明顯的。故王謨所言「蓋秦漢之世，豫章尚為邊郡，而漢制羈縻蠻越，多在此處」是有其道理的。

　　記載表明，在漢武帝用兵南越、閩越的過程中，豫章郡始終起著橋樑和橋頭堡的作用。水陸交通比秦代更為暢通。這次南征漢軍的主力依然是樓船士，出豫章的主帥楊僕稱樓船將軍，出桂陽的主帥路博德稱伏波將軍。這兩支大軍的樓船，據王謨考證，都是廬江郡尋陽縣（治今湖北黃梅西南）建造的，其依據當是《漢書・地理志》：「廬江郡……有樓船官。」尋陽位於彭蠡、江水之濱，「名屬廬江，實通豫章。漢設樓船將軍於此，無事則資

其彈壓，有事則易為調撥。漢制御越，此為要策」³⁶。所造樓船可經過鄱陽湖而入贛江，溯江而至大庾嶺下，再過橫浦關進入嶺南。從作戰進程看，楊僕軍與路博德軍同時出發，但楊僕軍進展迅猛，在連破尋 、石門之後，路博德的先頭部隊一千餘人才遲遲趕到，可見從豫章至嶺南番禺的道路更為順暢，楊僕因此役而出盡風頭，其侯功便是「以樓船將軍擊南越椎鋒卻敵」³⁷。

平定南越的戰爭之所以順利，當然是與漢朝準備充分密切相關的，據載，「是時粵欲與漢用船戰逐，乃大修昆明池，列館環之。治樓船，高十餘丈，旗幟加其上，甚壯」³⁸。有意思的是，有人稱：「漢武帝寶（元）鼎二年，立豫章宮於昆明池中，作豫章水殿。」³⁹又有說，漢武帝時，曾命人在長安昆明湖製造「可載萬人」的大船，並以「豫章」命名。⁴⁰長安昆明池主要是用來演練水戰。如果這兩處記載可信，則豫章可能不僅僅是樓船的集結和修繕之地，還是供應點之一。

在鎮壓閩越叛亂的戰爭中，豫章郡就不光是漢軍集結和後勤補給地，還是前線和戰場。這次戰爭打響前的屯兵點多在江西，幾個重要戰場如白沙、武林、梅嶺也在江西境內。

36　〔清〕王謨：《江西考古彔・故事・樓船將軍》。
37　《漢書》卷一七《景武昭宣元成功臣》。
38　《漢書》卷二四下《食貨志》。
39　〔南梁〕任昉《述異記》卷上。
40　《三輔黃圖》卷四引《廟記》。

二　東漢末年孫氏集團對江西的爭奪與經略

漢武帝平定南越、閩越之亂後，分布廣泛的百越諸族發生分化，原南越國統轄下的諸越如南越、西甌、駱越等逐漸融入南蠻和西南夷，而閩浙贛越人則除部分繼續生活在邊遠山區外，基本納入漢朝的直接統治之下，漢越之別在逐漸縮小（詳後「人口的民族構成」）。江西地區雖然在較長時間內還屬「江南卑薄之域」[41]，但已不是邊防地帶了。此後漢朝歷經變更，由強盛到衰落，由王莽改制到帝國覆亡，又由光武中興到軍閥紛爭。其間帝國周邊多有不寧：北方匈奴、鮮卑相繼為敵，西邊羌族長期反抗，西南中南蠻夷時而暴動，唯獨東南地區相對安定，豫章郡境尤顯平靜。即使在兩漢之際的戰亂時期，也只有九江連率賈萌「守郡不降，為漢兵所誅」[42]，涉及江西。所以，江西獲得了平穩發展的機會，境內越人加速同化於漢族。直至東漢末年軍閥割據混戰，豫章郡的戰略地位再次凸顯，這裡的平靜才被打破。

1. 軍閥混戰與孫策奪占豫章

東漢後期外戚、宦官的輪流專權，使皇權低落，統治黑暗，社會矛盾激化，導致黃巾大起義的爆發。中央力量的弱小使其不得不藉助日益坐大的地方州郡勢力和遍布全國的私家豪強武裝，共同鎮壓黃巾軍。然而，隨著黃巾軍的失敗，中央政權制御全國的力量加速喪失，地方州郡長官及豪族武裝趁機擴張勢力，軍閥

41　《後漢書》五三《徐稚傳》。
42　《漢書》卷九九下《王莽傳》。「九江連率」即豫章太守，王莽改。

混戰一觸即發。少帝光熹元年（189 年），外戚、大將軍何進謀誅宦官，洩密被殺，河北大族袁紹兄弟入宮大殺宦官兩千餘人。關西軍閥、并州牧董卓乘東漢朝廷極度混亂之機，率軍進入京師洛陽，廢少帝，立獻帝（時年 9 歲），獨攬朝政大權。「（董）卓性殘忍不仁，遂以嚴刑脅眾，睚眥之隙必報」[43]，其之專權招致天下不滿。獻帝初平元年（190 年），以渤海太守袁紹為盟主、討伐董卓為名義的軍事聯盟——「關東軍」成立，軍閥混戰全面爆發。

初平三年（192 年），董卓被其部將呂布與司徒王允合謀殺死，關東軍隨之瓦解，全國陷入了軍閥林立、分裂割據、相互攻伐的混亂局面，所謂「大者連郡國，中者嬰城邑，小者聚阡陌，以還相吞滅」[44]。在群雄逐鹿過程中，中原地區成為袁紹、曹操兩強爭奪的目標，其他軍閥無力插足，紛紛向周邊地區尋求安身之處。於是，一些偏離中原的州郡戰略地位陡然上升，成為各股勢力注目之地，豫章郡便是其中之一。

最先染指豫章的是世族出身的汝南汝陽（今河南汝南）人袁術，這個野心勃勃卻眼高手低的大軍閥，依靠家世名望與堂兄袁紹一同起兵，在鎮壓黃巾起義、討伐董卓的過程中，勢力逐漸壯大。後與袁紹不和，兄弟倆分道揚鑣。曹操乘隙而入，與袁紹連兵，大敗袁術。袁術無法在中原立足，被迫率部南下，趕走揚州

43　《三國志》卷六《魏書・董卓傳》。
44　《三國志》卷二《魏書・文帝紀》注引《典論・自敘》。

刺史陳瑀，進占壽春（揚州治所，今安徽壽縣），自領揚州。袁術急於站穩腳跟，試圖通過軍事進攻與人事任命來控制揚州各郡，但因其能力平庸，又心術不正、妒賢嫉能，往往事與願違。興平元年（194 年），豫章太守周術病逝，袁術即署琅玡陽都人諸葛玄為豫章太守。豫章暫時歸屬袁術。

這時的東漢朝廷雖已徒具虛名，但仍在發號施令。在袁術自為揚州刺史及私任豫章太守時，也先後任命劉繇為揚州刺史、朱皓為豫章太守。於是，一場爭奪豫章郡的角逐遂在袁術與朝廷命官劉繇之間展開了。劉繇走馬上任時，揚州治所壽春已被袁術占領。袁術雖是敗軍南下，但實力依然較強，劉繇自知不是對手，乃暫屯曲阿（今江蘇丹陽）。連遭孫策攻擊後，退守丹徒（今江蘇鎮江東南），自忖丹徒難保，又打算逃往會稽。謀士許劭不以為然，認為奔會稽不如去豫章，他分析說：

> 會稽富實，策之所貪，且窮在海隅，不可往也。不如豫章，北連豫壤，西接荊州。若收合吏民，遣使貢獻，與曹兗州（指曹操）相聞，雖有袁公路（即袁術）隔在其間，其人豺狼，不能久也。足下受王命，孟德（曹操）、景升（劉表）必相救濟。[45]

---

45 《三國志》卷四九《吳書・劉繇傳》注引袁宏《後漢紀》。按：「北連豫壤」與「西接荊州」相應，按字義應是「北連豫州」，但顯然不確。依許劭之意，在於比較豫章與會稽距離外援之遠近，不論荊州還是豫州，會稽皆遠不如豫章聯繫便捷。故「北連豫壤」之「連」疑是「通」或「近」之誤。

劉繇採納許劭建議，調整戰略目標，率領數萬軍隊溯江而西，進駐豫章彭澤。這時，朝廷任命的豫章太守朱皓正被袁術私任的豫章太守諸葛玄擊敗，走投無路之下向劉繇借兵攻玄。劉繇正為豫章而來，遂派笮融協助朱皓攻打豫章。不料笮融心術不正，在逼走諸葛玄後，設計殺害了朱皓，自領豫章太守。但有過多次濫殺無辜劣跡的笮融，不得人心，在劉繇大軍的進攻下，敗亡山中，為山民所殺。劉繇以揚州刺史身分進駐豫章。與此同時，漢廷新任命的豫章太守華歆亦到達郡治南昌。華歆乃當世名士，「清純德素」[46]，禮讓重賢，又與劉繇同屬朝廷命官，故能兩無猜忌，和融共事。

建安三年（198年），劉繇病逝於豫章。[47]士眾萬餘人欲奉華歆為主，但「歆以為因時擅命，非人臣之宜」[48]，堅辭不受。結果，劉繇部眾群龍無首，一個多月後仍然無所歸附。至此，豫章局勢逐漸明朗。

袁術，曾擁有豫章，但一年左右便被驅逐。此後勢力迅速衰落，再也無力收回失地。然而，令人驚訝的是，自身難保的他，野心卻絲毫不見收斂，建安二年（197年）春正月，竟冒天下之大不韙，公然在壽春稱起帝來，其結果自然可想而知。建安四年

46　《三國志》卷一三《魏書・華歆傳》。

47　《三國志》本傳只云「繇尋病卒」，未載時間，此處采〔清〕萬斯同《三國漢季方鎮年表》，見〔宋〕熊方等：《後漢書三國志補表三十種》，中華書局一九八四年排印版。

48　《三國志》卷一三《魏書・華歆傳》注引《魏略》。

（199 年），在各方勢力打擊下，眾叛親離，嘔血而死。

華歆，天下名士，德高望重，為政清廉，人人敬仰。但書生一個，既不懂軍事，更不識世間險惡，天下大亂還死守臣節不放。其所作所為表明他不屬也不可能成為軍閥，他只是在為一個垂死王朝徒勞而已。因而，對於覬覦豫章的軍閥來說，豫章只是暫寄華歆名下。

劉勳，袁術任命的廬江（治今安徽廬江西南）太守，目光短淺，能力膽略有限，充其量屬於乘亂渾水摸魚之類的地方軍閥。袁術敗亡後，盡得其餘部三萬餘人，又獲揚州名士劉曄相贈數千部曲，加上自己原有人馬，實力大大增強。但糧草需求也隨之增加，小小廬江郡難以承受，因此把目光投向了鄰郡豫章。

孫策，江淮以南唯一具備霸王氣質的人物，史稱：「策為人，美姿顏，好笑語，性闊達聽受，善於用人。是以士民見者，莫不盡心，樂為致死。」[49]獻帝初平二年（191 年），十七歲的孫策繼承亡父孫堅遺業，勢孤力單，投靠父親當年的盟友袁術，雖屢遭其欺壓矇騙，卻忍氣吞聲，繼續奮力破敵，勢力從無到有逐漸擴充。袁術稱帝前後，孫策與其關係從疏遠到徹底決裂，先後攻占吳郡、會稽、丹陽，並以此三郡為腹心，尋求開創江東基業的方略，[50]因而也把戰略目標鎖定在鄰郡豫章。

49　《三國志》卷四六《吳書・孫策傳》。

50　「江東」是一個歷史地理概念，因長江在今安徽境內向東北方向斜流，而以此段江域為標準確定東西和左右，漢末泛指蕪湖以下長江下游南岸今蘇、浙、皖地區，在東漢的行政區劃上主要包括丹陽、吳、會稽

於是，對於豫章郡的爭奪，便在孫策、劉勳、華歆三股勢力之間展開，但主動權始終掌握在孫策手中。

劉繇去世時，豫章太守華歆謹守臣節，不敢「因時擅命」，拒絕接收其萬餘部眾。正虎視豫章的孫策認為機不可失，即刻派遣大將太史慈前往招撫劉繇部眾，並伺機偵查豫章態勢。不久，太史慈不僅收編了劉繇部分部眾，使孫策的軍事力量進一步壯大，而且帶回了有關豫章局勢的重要情報：

華子魚良德也，然非籌略才，無他方規，自守而已。又丹楊（即丹陽）僮芝自擅廬陵，詐言被詔書為太守。鄱陽民帥別立宗部，阻兵守界，不受子魚所遣長吏，言『我以別立郡，須漢遣真太守來，當迎之耳』。子魚不但不能諧廬陵、鄱陽，近自海昏有上繚壁，有五六千家相結聚作宗伍，惟輸租布於郡耳，發召一人遂不可得，子魚亦睹視之而已。[51]

由此可知，豫章郡已陷入亂局，丹陽人僮芝詐稱奉詔自命為廬陵太守；鄱陽宗民另起山頭，「阻兵守界」，拒納華歆（字子魚）所遣長吏；就連靠近郡治的海昏上繚壁（今靖安縣境）宗民，都敢不聽號令。所以，華歆對豫章郡已完全失去控制。根據

三郡。古人以帝王坐北朝南為基準，在地理方位上以東為左，西為右，故江東又稱江左，今江西則稱江右。但漢末江西（江右）是指今皖北和淮河下游一帶的廬江、九江郡，豫章郡則應屬江東範疇。

51　《三國志》卷四九《吳書・太史慈傳》注引《江表傳》。

對局勢的分析和判斷，孫策決意吞併豫章，同時解決染指豫章的劉勳，奪取盧江。

劉勳為解決糧草問題，於建安四年十一月遣堂弟劉偕「告糴於豫章太守華歆」，而「歆郡素少穀」[52]，又不想得罪實力頗強的劉勳，便派屬吏帶領劉偕前往上繚壁，要求諸宗帥賣給劉偕三萬斛糧食。可是，上繚宗帥並不買賬，劉偕逗留月餘，才得數千斛米。劉偕派人告知劉勳，請求發兵攻打上繚，奪取糧草。與此同時，孫策正想誘使劉勳離開皖城（盧江郡治，今安徽潛山），以便乘虛襲取盧江。見其因糧草問題陷於困境，乃順勢推其一把，派使者攜帶親筆書信，獻上珠寶、葛布，假意巴結劉勳並慫恿他說：

上繚宗民，數欺下國，忿之有年矣。擊之，路不便，願因大國伐之。上繚甚實，得之可以富國，請出兵為外援。[53]

劉勳不知是計，部下文武皆來祝賀，惟有劉曄看出其中詭詐：

上繚雖小，城堅池深，攻難守易，不可旬日而舉，則兵疲於外，而國內虛。策乘虛而襲我，則後不能獨守。是將軍進屈於

52　《三國志》卷四六《吳書・孫策傳》注引《江表傳》。
53　《三國志》卷一四《魏書・劉曄傳》。

敵，退無所歸。若軍必出，禍今至矣。**54**

劉勳急於籌糧，不聽勸告，執意親自率軍經彭澤襲擊上繚。然而，兵至海昏城下，探知劉勳動靜的上繚宗帥，皆「空壁逃匿，勳了無所得」。

這時孫策正奉詔討伐荊州牧劉表所署江夏（治西陵，今湖北新洲）太守黃祖，途中獲悉劉勳中計離開皖城，立即部署孫賁、孫輔率八千人屯駐彭澤，阻擊回軍的劉勳；自己與周瑜率領輕裝步兵二萬，順道直取皖城，迅速攻占盧江郡，俘獲、收編袁術餘部三萬餘人。劉勳從海昏無功而還，突遭孫賁等部截擊，渡江西逃，向黃祖求援。黃祖令其子黃射率水軍五千人助戰，孫策大破劉、黃聯軍，收編降兵二千人、船一千艘。再乘勝攻破黃祖，迫其退回江夏，不敢輕舉妄動。劉勳被徹底擊垮，被迫北投曹操而去。

劉勳勢力覆滅後，孫策已無後顧之憂，得以放心大膽地南下豫章，同年十二月，進駐椒丘（今江西新建東北）。孫策素聞華歆之名，知其不善用兵，又不欲刀兵相加，因而採取武力威懾和政治說降雙管齊下的策略，先派功曹虞翻進城勸降。史稱：

（虞翻）謂歆曰：「君自料名聲之在海內，孰與鄙郡故王府君？」歆曰：「不及也。」翻曰：「豫章資糧多少？器仗精否？

士民勇果孰與鄙郡？」又曰：「不如也。」翻曰：「討逆將軍，智略超世，用兵如神，前走劉揚州，君所親見，南定鄙郡，亦君所聞也。今欲守孤城，自料資糧，已知不足，不早為計，悔無及也。今大軍已次椒丘，僕便還去，明日日中迎檄不到者，與君辭矣。」[55]

華歆本是清高之人，不會被恐嚇嚇倒，但深知孫策善於用兵，抵抗只會徒增犧牲，便自找台階，聲稱：「久在江表，常欲北歸；孫會稽來，吾便去也。」[56]次日晨，去官服以平民身分迎接孫策入城。孫策亦行弟子禮拜歆，待之為上賓。至此，孫策在很短時間內便兵不血刃奪取了豫章。

孫策取得豫章後，揚州六郡除九江（治今安徽陰陵）外，吳郡、會稽、丹陽、豫章和廬江五郡均已控制，初步奠定了東吳立國的根基。但北有曹操，西有劉表，對其構成很大威脅，鞏固新占地區是其當時要務。豫章作為其西境，在防禦或進攻荊州劉表方面具有至關重要的戰略地位。因此，孫策從豫章郡分出廬陵郡，以堂弟孫賁為豫章太守，賁弟孫輔為廬陵太守。這時，僮芝還盤踞在廬陵，為穩重起見，孫策留孫賁守南昌，讓周瑜屯巴丘

55　《三國志》卷五七《吳書・虞翻傳》注引《江表傳》。按：虞翻曾是孫策擊敗的會稽太守王朗的功曹，故稱會稽為「鄙郡」，王朗為「王府君」。又曹操為籠絡孫策對付袁術，曾表薦其為討逆將軍，故稱「討逆將軍」或「孫討逆」。「劉揚州」指已故揚州刺史劉繇。

56　《三國志》卷一三《魏書・華歆傳》注引胡沖《吳歷》。按：「江表」，指長江以南地區；「孫會稽」即孫策。

（今江西崇仁），遣孫輔直奔廬陵。軍未到而僮芝病死，孫輔遂順利進駐廬陵。

建安五年（200 年），官渡之戰爆發，孫策欲趁曹操與袁紹相持於官渡、後方空虛之機，偷襲許都，迎取獻帝。在關鍵時刻，孫策遇刺不治身亡，年僅二十六歲。

2. 孫氏政權「鎮撫山越」

孫策死後，未竟事業尤其十九歲的長弟孫權繼承。孫權雖不如其兄英武善戰，但十五歲即出任過縣長並跟隨兄長征戰的他，已經積累了一定的軍事、行政經驗，才能和見識也日益見長。[57]正如孫策臨終所言：「舉江東之眾，決機於兩陳之間，與天下爭衡，卿不如我。舉賢任能，各盡其心，以保江東，我不如卿。」[58]孫權遵照孫策遺言，放棄偷襲許都、逐鹿中原的計劃，確立了「保江東」、「觀成敗」的戰略方針，其重點是鞏固已有成果，確保江東穩定。按照這個方針，孫權開始對丹陽、吳、會稽、豫章、廬陵和廬江六郡進行全面開發和治理，其中一個重要方面是將山越驅逐出山，以增加孫氏政權所控制的人口，即所謂「分部諸將，鎮撫山越」[59]。

孫氏擁有的揚州諸郡正是原閩越、東越活動區域。自漢武帝平定閩越之亂、遷徙東越部眾於江淮之間後，東南地區的越族基

---

57 參閱馬植傑《三國史》，人民出版社一九九三年版，第63頁。
58 《三國志》卷四六《吳書・孫策傳》。
59 《三國志》卷四七《吳書・孫權傳》。

本內化，成為漢朝編戶，漢越之間的民族界限越來越淡薄，許多郡縣控制範圍內的居民已逐漸消除了民族隔閡。但仍有一些越人繼續居住在山區，過著與世隔絕的化外生活。因此，《後漢書》中已見不到「百越」或「東越」、「閩越」等有關越族的記載，直至東漢後期靈帝建寧二年（169 年），也只發生過一次「丹陽山越賊圍太守陳夤，夤擊破之」[60]的事件，這也是《後漢書》關於山越的唯一記載。

所謂「山越」，胡三省作過很好的詮釋：「山越本亦越人，依阻山險，不納王租，故曰山越。」[61]胡氏所說的山越，當是邊外越人的後裔，是孫權鎮撫的主要對象。隨著孫氏江東政權勢力範圍的擴張，與山越的衝突與日俱增，且經久不息，猶如捅破了馬蜂窩，驅之不散，殺之不絕。在今江西境內，各種暴動也是頻頻發生，如：

《三國志》卷四七《吳書・孫權傳》：「（建安）八年，權西伐黃祖，破其舟軍，惟城未克，而山寇復動。還過豫章，使呂范平鄱陽，程普討樂安。太史慈領海昏，韓當、周泰、呂蒙等為劇縣令長。」

《三國志》卷六〇《吳書・賀齊傳》：「（建安八年）賊洪明、洪進、苑御、吳免、華當等五人，率各萬戶，連屯漢興，吳五六

60　《後漢書》卷八《靈帝紀》。
61　《資治通鑑》卷五六《漢紀》「靈帝建寧二年」條胡三省注。

千戶別屯大潭，鄒臨六千戶別屯蓋竹，同出余汗。軍討漢興，經余汗。齊以為賊眾兵少，深入無繼，恐為所斷，令松陽長丁蕃留備余汗。蕃本與齊鄰城，恥見部伍，辭不肯留。齊乃斬蕃，於是軍中震慄，無不用命。遂分兵留備，進討明等，連大破之。臨陳斬明，其免、當、進、御皆降。轉擊蓋竹，軍向大潭，三將又降。凡討治斬首六千級，名帥盡擒，復立縣邑，料出兵萬人，拜為平東校尉。（建安）十年，轉討上饒，分以為建平縣。」

《三國志》卷六〇《吳書‧賀齊傳》：「（建安）十八年，豫章東部民彭材、李玉、王海等起為賊亂，眾萬餘人。齊討平之，誅其首惡，余皆降服。揀其精健為兵，次為縣戶。」

《三國志》卷五二《吳書‧張昭傳》：「（建安十八年）權征合肥，命昭別討匡琦。又督領諸將，攻破豫章賊率周鳳等於南城。」

《三國志》卷五四《吳書‧呂蒙傳》：「（建安十九）蒙還尋陽，未期而盧陵賊起，諸將討擊不能擒……復令蒙討之。蒙至，誅其首惡，余皆釋放，復為平民。」

《三國志》卷六〇《吳書‧賀齊傳》：「（建安）二十一年，鄱陽民尤突受曹公印綬，化民為賊，陵陽、始安、涇縣皆與突相應。齊與陸遜討破突，斬首數千，餘黨震服。」

《三國志》卷五五《吳書‧潘璋傳》：「潘璋……遷豫章西安長……比縣建昌起為賊亂，轉領建昌，加武猛校尉，討治惡民，旬月盡平，召合遺散，得八百人，將還建業。」

從上述記載看，江西境內的暴動事件主要集中在贛北、贛東

北和贛中地區，波及鄱陽、尋陽、余汗、樂安（今樂平）、上饒、西安（今武寧）、建昌（今奉新）、海昏、南城等縣。值得注意的是，這裡是秦漢時期開發較早、郡縣建置相對密集、經濟文化相對發達的地區，土著越人已基本漢化，為何會突然冒出如此之多的山越？而贛南、贛東南郡縣建置疏散、經濟文化落後的地區反而相當安靜，直至東吳立國後增置數縣，亦少見山越群起反抗？對於這個問題，應從多方面去認識。

首先，孫氏鎮撫山越是其「保江東」、「觀成敗」戰略的重要步驟，目的在於擴大人力資源，使「強者為兵，羸者補戶」[62]，增加賦稅收入，增強戰爭動力。這必然會破壞山越的社會秩序，招致他們的反抗。因此，並非山越「好為叛亂，難安易動」，而是孫氏政權的逼迫導致他們的反抗。策略用得好，他們是不會起來反抗的，如《三國志・諸葛恪傳》：

恪以丹楊山險，民多果勁。雖前發兵，徒得外縣平民而已，其餘深遠，莫能擒盡，屢自求乞為官出之，三年可得甲士四萬。眾議咸以：「丹楊地勢險阻，與吳郡、會稽、新都、鄱陽四郡鄰接，周旋數千里，山谷萬重。其幽邃民人，未嘗入城邑，對長吏，皆仗兵野逸，白首於林莽。逋亡宿惡，咸共逃竄。山出銅鐵，自鑄甲兵。俗好武習戰，高尚氣力，其升山赴險，抵突叢棘，若魚之走淵，猿狖之騰木也。時觀間隙，出為寇盜，每致兵

62　《三國志》卷五八《吳書・陸遜傳》。

征伐，尋其窟藏。其戰則蜂至，敗則鳥竄，自前世以來不能羈
也。」恪盛陳其必捷。權拜恪撫越將軍，領丹揚太守，授棨戟武
騎三百。

恪到府，乃移書四部屬城長吏，令各保其疆界，明立部伍，
其從化平民，悉令屯居。乃分內諸將，羅兵幽阻，但繕藩籬，不
與交鋒。候其谷稼將熟，輒縱兵芟刈，使無遺種。舊谷既盡，新
田不收，平民屯居，略無所入。於是，山民飢窮，漸出降首。恪
乃復敕下曰：「山民去惡從化，皆當撫慰，徙出外縣不得嫌疑，
有所執拘。」

這裡所說的「平民」是指編戶人口，「其餘深遠，莫能擒盡」
者則是山越。諸葛恪用計使他們自動出山，「去惡從化」成為平
民，這應是鎮撫山越的最佳辦法，因而得到孫權的嘉獎。

其次，漢末以後的山越成分複雜，「山越」是一個泛稱，並
非全是山中越人，誠如有些學者分析的那樣：

三國時期史書中所說的山越，也並非一個民族的名稱，而是
一個地理名詞，即指那些居住在古代越人分佈地區的山民，他們
的成分為同化在漢人中的古代越人的後裔和因逃避賦役與避罪而
入居山區的漢民及其後裔。[63]

---

63 唐長孺：《孫吳建國及漢末江南的宗族與山越》，《魏晉南北朝史論
叢》，三聯書店一九九五年版。

夫越之由來亦舊矣。乃終兩漢之世，寂寂無聞，至於漢魏之間，忽為州郡所患苦、割據者所倚恃如此，何哉？曰：此非越之驟盛，乃皆亂世，民依阻山谷，與越相雜耳。其所居者雖越地，其人固多華夏也。**64**

但應該強調的是，史書記載的系列山越暴動中，真正意義上的山越可能只占一部分，甚至一小部分。他們的反抗力量是有限的，而且往往是被人利用的。如：早在孫權全面進剿山越前，袁術就曾暗中攏絡丹陽宗帥陵陽人祖郎等，「使激動山越，大合眾，圖共攻策」**65**；太史慈在歸附孫策前，也曾「大為山越所附」**66**，與孫策抗衡。

第三，《三國志》中所記載的「好為叛亂，難安易動」者，更多的並非山越，而是那些被「宗帥」利用去對抗孫氏政權的漢人或早已漢化的越人後裔，他們曾是漢朝編戶，但天下大亂，已擺脫戶籍約束，不願再去服役納稅，所以容易被煽動。前引《三國志‧太史慈傳》稱「鄱陽民帥別立宗部，阻兵守界，不受子魚所遣長吏……上繚壁，有五六千家，相結聚作宗伍，唯輸租布於郡耳，發召一人，遂不可得」，就正好說明了這個問題。《三國志‧諸葛恪傳》所載「雖前發兵，徒得外縣平民而已」，也能證

64　呂思勉：《呂思勉讀史雜記》（上），上海古籍出版社一九八二年版，第 578 頁。

65　《三國志》卷五一《吳書‧孫輔傳》注引《江表傳》。

66　《三國志》卷四九《吳書‧太史慈傳》。

明這一點。

第四，江西境內歷次反抗事件，幾乎全由「宗帥」「民帥」發動，其中有名有姓的就多達十餘人，如洪明、洪進、苑御、吳免、華當、吳五、鄒臨、尤突、彭綺、吳遽、彭虎、董嗣等。這些所謂「宗帥」用的幾乎全是漢族姓名，因此可以斷定他們不是山越，而是漢人或已完全漢化了的越人後裔。又從他們聚族而居，控制宗民成千上萬，「別立宗部，阻兵守界」等行跡來看，已與東漢時代的兵長大姓、強宗豪右十分相似。正是他們不想把依附於自己的人口拱手讓給孫權，才挑動宗民、利用山越，對抗孫權。豫章郡因開發晚，起點低，豪族勢力尚未形成，所以，永和五年（140 年）人口統計時，少有豪強隱戶，人口數字較為真實，人口絕對數和增長率都在全國各郡中名列前茅。而漢末以後，隨著豪族勢力的興起和發展，隱匿人口日益增多，因而西晉太康初年（218 年）的戶口統計，江西七郡的戶口數大大減少。這種不合情理的人口變遷狀況，正反映了江西豪族勢力興起較晚的事實。

總之，漢末孫氏政權境內山越的反抗，原因是複雜的。孫氏政權的逼迫，山越、「平民」抗稅抗役，「宗帥」從中煽動、利用，都是重要因素。而宗帥的作為往往具有主導性，贛北、贛東北和贛中地區之所以成為山越「重災區」，是因為當地「宗帥」勢力已發展起來；贛東南和贛南地區缺乏這個因素，也就失去了對抗政府的組織者和領導者。所以，山越事件看起來是下層民眾反抗壓迫、奴役的鬥爭，實質上反映的是豪族勢力與政府爭奪民力的矛盾和衝突。

通過對山越的鎮撫，孫權加強了江西境內的政區建設，建安十五年（210年），在原有豫章、盧陵二郡基礎上，再設鄱陽郡，使贛北、贛中北、贛中南都有了郡級機構，縣級機構亦隨之增加，達到三十六個。從此，江西成為三國鼎立後東吳政權頗為倚重的軍事、經濟重地。

第三節 ▶ 考古發現的漢代城址

秦代江西境內縣級機構很少，可能只有番、艾等三四個縣。西漢豫章郡則設有十八縣，其中豫章、盧陵、柴桑、鄡陽、南墅五縣的城址尚有遺存。除此之外，江西還發現有尋陽、昌邑、吳平、麗城等幾處漢代城址。

一　豫章城址

據《漢書・地理志》和《漢書・灌嬰傳》記載：西漢初年，漢高祖劉邦在統一今江西地區之後，便設立了豫章郡，並命大將灌嬰建築郡治。酈道元在《水經注》中也記載：「漢高祖六年（西元前201年），始命灌嬰以為豫章郡治，此即灌嬰所築也。」古今雖有學人考證，灌嬰當系陳嬰之誤，但無有力證據，千百年來人們認定的還是灌嬰，「灌嬰城」已深入人心。

這座以「灌嬰城」或「灌城」聞名於世的豫章郡城城址，不在今天的南昌市區範圍內，而在市域東南，大約東起順化門外七點五公里的隍城橋（黃城橋），西至順化門外的興福莊，延袤數公里，也即距今南昌火車站東南約四公里的黃城寺一帶（此地新

中國成立初期屬黃城鄉，後屬蕭坊鄉，現屬湖坊鄉範圍）。據說，為了營建灌城，灌嬰委任本地的章文具體總管建城事宜。

　　該城自西漢初建立之後，歷東漢、三國、西晉，共計五百餘年。灌嬰城的四周，有高大的夯築土城牆，周圍長達「十里八十四步」。豫章城的興建和擴展，留下了不少事蹟，但似乎都與戰爭相關。《讀史方輿紀要》云：

　　《古今記》：漢豫章城，穎陽侯灌嬰所築，亦曰灌嬰城，即今城東之黃城寺。又有劉繇城，在今府城東北三十里，相傳漢揚州刺史劉繇所築。《水經注》：孫策略地至曲阿，揚州刺史劉繇奔豫章築城自保處也。又有西城，在子城西。劉繇嘗使豫章太守朱皓攻袁術所用太守諸葛玄，玄退保西城，即此。《城邑考》：漢城周十里八十四步，開六門，南曰南門、松陽門，西曰皋門、昌門，東北二門，各以方隅為名。**67**

　　又據稱，當時的豫章城內外盛產樟樹，如《太平寰宇記》引《豫章記》說，松陽門內有大樟樹，高達十七丈，大四十五圍，「枝葉扶疏，庇蔭數畝」。故此有不少人認為，豫章當以此樹得名，如應劭《漢官儀》云：「豫章樟樹生庭中，故以名郡。」酈道元《水經注》和陳宏緒《江城名蹟記》都同意其說。另有認為

第二章・兩漢時期的江西

當以「豫章水」得名的說法，蓋因雷次宗《豫章記》所言「似因以水為其地名」而來。對此，前文已有辯說，毋庸贅述。

考古資料表明，昔時灌嬰城的西北部，即今日南昌市主要城區，尚屬沼澤水網地帶。其中較大湖泊稱為太湖（即今東湖）。湖的四周間有山阜丘陵之地，分布著一些村舍。考古工作者曾在墩子塘人防工地發現一口兩晉時的民用水井；又先後在老福山、丁公路、永和門外等地發現有西漢墓葬；在今省一附院、永和門外、光輝巷南口、墩子塘、都司前、京山、七里街、新溪橋、繩金塔、徐家坊、青雲譜等地，在距今地表五六米的地下均發現有東漢、三國和西晉時期的墓葬。

漢、晉時期的太湖，與今日的東湖亦不同。它綿延「十里」「南緣回折」，與位於灌嬰城西南的南塘連接豫章江，常因豫章江漲水而形成水患。東漢永安年間（89-105 年）豫章太守張躬組織群眾築堤修塘，藉以捍江，人們稱為南塘水，這是最早疏濬開發東湖的一項水利工程。

自豫章建城以來，贛江水道行船如梭，日益繁忙。位於郡城西南濱江的南浦亭，就是當時重要的碼頭，凡南來北往的客人都在此處上岸或登船。之所以稱南浦，乃取《九歌・河伯》「子交手兮東行，送前人兮南浦」之意。當時詩文中多以「南浦」泛指送別之地。

在豫章城西北七里的濱江地帶，大江衝下來的淤沙綿亙五六里，蜿蜒如龍形，故而亦稱其為龍沙或北沙。此地因屬豫章城外最高點，故是九九重陽節登高遠眺的好去處。

宋代樂史在《太平寰宇記》中稱，漢晉以來，豫章地區有五

大姓：熊、羅、雷、諶、章。一九七三年在今城區老福山上窯灣發掘過一座大墓，根據墓內出土的一方銅印得知，該墓主即姓諶。墓內還出土有銅、鐵、玉、石、漆器和金銀器皿共三十餘件，證實該墓主為當地地方豪強，這也從側面反映了當時豫章地區社會經濟的發展狀況。

東晉南朝之後，郡城開始遷移，灌嬰城的歷史亦告結束。[68]

二　盧陵城址

盧陵（白口）城址位於今泰和縣城西南三公里的贛江南岸（圖 2-3）。

城址面積二十三萬平方米，形狀呈倒梯形，分為內外城。外城全長一千九百四十一米，除北部由於贛江漲水沖刷部分損毀外，大都保存完好。內城平面呈方形，處在城內北側，全長八百六十一米，面積四點三萬平方米。外城現存七處豁口，西北角、南正中及北正中三處豁口可以肯定為城門。內城有東、西北、南面三處豁口，均可定為城門。西北角城門寬三十五米，其底基距現今贛江水面落差僅二米，贛水上漲時，河水可直接入城內，推測可能為水門。南正中門寬二十八米，為「凸」形結構，從其上

68　彭適凡：《再論古代南昌城的變遷與發展》，《南方文物》一九九五年第四期；王水根：《贛文化通志・考古篇》，江西教育出版社二〇〇四年版。

圖 2-3　廬陵（白口）城遺址全景

殘存疊壓的瓦片分析，此處原可能為一處門闕。北正中城門寬十
五米，人門較陡，由此可分別進入內城和外城。內城西北門為
「凹」形結構，似為「甕城」，也見有大量瓦礫堆積。內城南門
寬十七點四米，城門兩側見有大量瓦礫堆積，並採集到一件完整
的四葉雲紋全瓦當。內城西南角有一長方形土台，為全城最高地
帶，東西長四十七米，南北寬三十五米，面積一千六百四十五
米，高出周圍平地〇點八米，高出內城其他地帶約二米。

　　城牆為土築，除北側部分損毀外保存基本完好。城牆高度因
地勢的南高北低而相反，以使城牆四周基本處於同一水平面上。
南城牆距外地表高四點五米，東城牆高十點二米，北城牆高二十
點五米。城牆頂寬二到三米，基寬二十到二十八米。以北城牆基

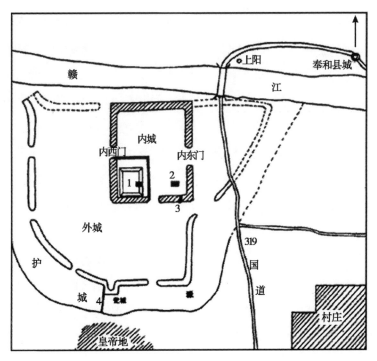

圖 2-4　廬陵城址調查、勘探、試掘分佈圖

最寬。

　　城外有護城河，從南城牆及南側斷面可知，南側護城河寬十六點五米，深一點五米，東西兩側護城河寬逾三十米，護城河由南往北流入贛江，從現今地表地貌分析，護城河水似乎無法循環。[69]

69　徐長青等：《江西泰和白口漢城勘察記》，《南方文物》二〇〇三年第一期。

　　考古試掘共布探方五個，布方面積八十餘平方米，分三處布方（圖 2-4）。第一處在內城西南角土台上，目的是認識土台的性質；第二處在內城東南方，目的是瞭解建築年代；第三處為內城東南面城牆，目的是弄清築城方式及年代。試掘結果表明，內城西南角東西長四十七米，南北寬三十五米，面積一千六百四十五平方米，高出周圍平地〇點八米的土台為人工夯築而成，台基平面發現有兩排間距約三米的圓形柱洞，走向與台基邊緣基本垂直；根據鑽探及台基的形狀分析，此土台可能為一組大型建築的基址，而清理的兩排柱洞可能屬該建築的附屬建築一部分。從打破該土台的數個灰坑中時代最早的灰坑出土的印有「大泉五十」錢紋磚分析，該土台不會晚於「王莽新政」時期，即應早於西漢末期。東南側探方的發掘深達一點八米，發現有東漢的印紋硬陶罐、灰陶罐，清理出深達一米、直徑〇點七米的圓形柱洞和加工

圖 2-5　城牆實地勘察解剖圖

良好的居住面；西晉的冶鐵作坊殘跡內發現有十餘件彎曲狀風管以及粘有鐵渣的窯爐壁殘件和百餘件鐵渣殘塊；出土有兩晉時期的盤口壺、盆、斂口鉢、三足盆鼎等可復原器達五十多件，值得注意的是，還出土了一批保存較完好的圓形瓦當。瓦當紋樣為雲紋、四葉雲紋；有的雲紋瓦當酷似秦咸陽宮出土物，頗具秦文化風格。大型板瓦均裝飾有繩紋以及瓦釘、瓦窩結構。部分板瓦長達四十四釐米，寬達三十八釐米，顯然為大型建築材料。考古發掘中還發現有大量鐵渣、銅渣、銅飾件、青銅鏃以及陶紡輪、陶網墜等。城牆解剖結果表明其為板築法築城，分層棍棒夯築，目前層內出土物均為漢代板瓦殘片，故其時代應在漢代，也就是說該城應始築於西漢，使用年代至少延續到東晉，極有可能是贛中地區政治、經濟、文化中心（圖2-5、圖2-6、圖2-7、圖2-8）。**70**

據《明一統志》記載：「始皇二十四年翦滅楚，虜負芻，明年置廬陵、安平、新淦三縣，屬九江郡。」清光緒《泰和縣誌》沿革表：「秦廬陵縣屬九江郡，唐志、舊志未載縣治，疑即西昌。漢高帝二年分淮南立豫章郡，唐志故縣在今泰和縣西三里。」清乾

圖2-6 「貨泉五銖」磚

---

70 肖用桁：《白口城探源──廬陵文化起源之謎》，《南方文物》二〇〇四年第一期。

隆《吉安府志》引《太平寰宇記》：「漢高帝五年，以盧陵縣屬豫章郡，故盧陵縣在今泰和縣西三里。」以上史載不但指出了盧陵縣的設置時間，而且闡明了其治所的確切位置。

圖 2-7 雲紋瓦當

　　從考古資料分析，白口城與古盧陵縣的創建至升盧陵郡後外遷、西昌縣的新建年代基本相符。再者，白口城位於贛江邊，處於水陸要沖，區位優勢明顯，昔日秦始皇和漢武帝兩次征伐嶺南，數十萬大軍均由此經過，二十世紀七十年代，泰和鄰縣遂川出土的一批秦代銅製兵器便是證明。從泰和的行政治所的歷史變遷來看，盧陵縣始建於白口城，漢興平元年（194 年）陞遷為郡析置西昌縣時，郡縣治同在白口城。

圖 2-8 冶煉陶管

圖 2-9 紡輪

　　盧陵城址是江西迄今發現的規模最大、保存最好的漢代城址，它的發現與確認對推動江西城址考古及地方史研究具有重要意義。

三 柴桑城址

柴桑縣於漢初設置，隋開皇年間（581-600 年）併入尋陽縣。唐武德年間（618-626 年）又在原柴桑縣址置楚城鄉，歷時八百餘年。柴桑縣系由柴桑山而得名。

《山海經》云：「柴桑之山，其上多銀，其下多碧，多冷石赭。」《中國地名大辭典》則進一步說明，「晉陶淵明家於柴桑，即此。」附近尚有明代修建的陶淵明祠和墓。關於城址所在地，清光緒《江西通志》引《大清一統志》云：「柴桑故城，今治（明、清德化城）所在地西南九十里。楚城驛是其址。」明嘉靖《九江府志》載：「柴桑縣在郡西九十里，漢置柴桑縣，屬豫章郡，隋改曰溢城，唐武德五年（626 年）改楚城，今為楚城鄉。」省、府、縣誌都認為柴桑縣在楚城鄉，今稱荊林街或楚城阪。荊林街的《吳氏宗譜》也有所記載，明萬曆二十四年（1506 年）河南承宣佈政使司左布政使萬衣在《潯陽吳氏宗譜敘》中寫道：「人所稱荊林路西地，即柴桑地。」現在的九江縣馬回嶺的荊林街，即漢代至隋代的柴桑縣城所在地。

荊林街三面環山，左為康陽阪，右為楚城阪。楚城阪，地勢平坦，河流發源於廬山，現在聚居五百餘戶居民。這裡東倚廬山，北枕長江，南臨鄱湖，是南來北往的通道。

考古工作者在訪問和調查過程中蒐集到一些有關柴桑城址的傳說，如「東門觀」、「西門鋪」、「南門沖」、「北門橋」等。還有一些與周瑜有關的傳說故事，說「周瑜死在蘆花蕩，葬在馬頭山」。相傳是周瑜的「點將台」、「跑馬埂」、「跑馬場」、「繫馬樁」、「關馬牆」等遺跡。

　　為了取得有價值的實物佐證資料，考古工作者還進行了全面調查和試掘。在荆林街的毗盧寺，開了八條探溝，清理了一座晉代殘墓，採集的標本有繩紋板瓦、筒瓦、瓦當、網錢紋磚以及六系青瓷罐、青瓷碟、青瓷碗等。在距荆林街一公里的富民林場，發現了約數百畝的墓葬區，一九八〇年發掘清理了一批東漢時期的磚室墓葬，磚紋為同心圓和網錢紋，出土的器物有陶罐、壺、缽、杯、案等，還有王莽時期的布幣和五銖錢。在荆林街、富民林場和馬頭山採集到西周時期的實物，有印紋陶罐的系、耳和口沿，還有鼎足，陶質為夾砂紅陶、灰陶、硬陶和軟陶，紋飾有繩紋、雲雷紋、回字紋等十餘種。從調查和試掘的情況來看，這裡早在西周時期就已經是人口比較稠密而分佈又較廣的居民定居點，在漢代這裡已具備了建縣所必要的人力、物力條件。從採集的標本和附近的東漢至晉代墓葬分析，初步可以斷定，這裡是古代柴桑城址，它是漢至隋代江西北部的政治、軍事、經濟和文化教育的中心。[71]

四　鄡陽城址

　　據《讀史方輿紀要》記載：「鄡陽城，府城（饒州府城，今鄱陽縣城）西北百二十里，漢初置縣，劉宋永初二年（421 年）省。」清同治《都昌縣誌》載：「古鄡陽城在周溪司前湖中四望山，至今城址猶存。」根據實地調查，在鄱陽湖中的四山發現有

71　李科友：《江西城址普查綜述》，《江西歷史文物》一九八五年第二期。

漢代城址及漢代墓葬群，其位置與史書記載相吻合，無疑此處即是漢代鄡陽城的所在地。四山即四望山，在都昌縣周溪鄉南端鄡陽湖中，這裡春、夏、秋三季均四面環水，湖水將群山隔成幾十個孤島，每個孤島都有它自己的名字，如座山、石虎頭、獅子山、王家山、鷂嘴山、城頭山等，但總稱為四望山。深冬初春為鄱陽湖的枯水季節，行人可抵達其中的一些山頭。這裡西南多山，東面臨鄱陽湖，中部為開闊的平地，城址就在城頭山上，面積約一平方公里。從顯露的斷層看，文化堆積厚達一米餘，地上暴露的遺物甚多。

考古工作者採集的遺物有生產工具，有段石錛、網墜、陶紡輪；生活用器有陶壇、陶罐、陶缸、假圈足陶碗、矮足陶豆等。銅器有四乳蟠虺紋鏡、昭明鏡。建築遺物有云紋瓦當、「長樂未央」瓦當、「萬歲」瓦當、繩紋板瓦、繩紋瓦、對角幾何紋磚、網錢紋磚，有的磚上有「永元七年（95 年）三月十三日」銘文。陶片紋飾有細方格紋、席紋、繩紋、蕉葉紋、米字紋、附加堆紋等。遺跡有殘存的城垣，上有人工修築痕跡，東面殘長二十八米，西面殘長五米，南面殘長十五米，殘高約四米，頂寬約三米。附近尚發現有東漢墓葬群。採集遺物除幾件陶罐具有戰國時代的作風外，大部分遺物均具有漢代的特徵。從文獻記載及實地採集的遺物都可以確認這裡正是古代的鄡陽城。到南朝時期由於鄱陽湖水位上升，城址四面被水包圍，群眾的生產和生活都遇到了困難，才不得不遷移他鄉。據《都昌縣誌》引《明一統志》記

載：「南朝宋永初二年（421年）省鄡陽入彭澤，隸江州。」[72]

五　南壄城址

西漢建南壄縣，東漢改作南野。清同治《大庾縣誌》引《廣輿記》曰：「南野故城在大庾。」《地名大辭典》稱：「南野，秦置。《淮南子‧人間訓》載秦使尉屠睢率五十萬為五軍，一軍守南壄之界即此。後漢曰南野，隋初縣廢，故城在今江西南康西南章江南岸。」一九八三年考古工作者在大余縣池江鄉長江村寨上發現一處古城址，初步認定這是西漢南壄城址。

該城位於大余縣城東北約三十五公里的楊柳河和章江會合處，北距南康縣城僅三十公里。城址在章江南岸，南面背山，東西北三面現為稻田，如一臨山的土墩形台地，高出地表約八到十三米。城址為長方形，東西寬約二百米，南北長約二百三十米，面積約為四點六萬平方米。城址外圍隱約可見護城河的遺跡。城的東南角引申出圓錐形土墩，疑為城址角台，台徑約十五米，高出城垣三米許。東南城角夯土層內有粗繩紋筒瓦、板瓦和陶片疊壓堆積，厚約二到三米。城址內散布有大量的筒瓦、板瓦和印紋陶片。採集的遺物除筒瓦、板瓦外，還有陶鼎、陶罐、銅鏡、鐵器、青瓷器、石器，以及飾有各種不同紋樣的印紋陶片和花紋磚。遺物時代上至春秋，下至南朝。[73]

72　李科友：《江西城址普查綜述》，《江西歷史文物》一九八五年第二期。
73　張小平：《大余縣發現西漢南 古城址》，《江西歷史文物》一九八四年

六 尋陽城址

漢時的尋陽縣本在長江以北的今湖北省黃梅縣境內，屬廬江郡。《晉書‧地理志》記載：「永興元年（304 年）分廬江之尋陽、武昌之柴桑二縣，置尋陽郡。」歷經東晉、宋、齊、梁、陳，為江州戍守處。因其城為晉孟懷玉領導所築，故又名懷玉城。《名勝志》記載：「尋陽城離九江府城一十五里，隋代因水患遷移，歷時二百八十五年。」這裡曾經是縣、郡、州的治所。由於濱江帶湖，扼荊揚兩州之沖，這裡上可控楚地，下可制吳越，居有十分重要的戰略地位。

經考古工作者查明，尋陽城址坐落在今九江縣賽城湖水產場內。其範圍以南潯鐵路為軸線，東面是七里湖中的馬鞍洲、圍咀，七里湖堤附近，西邊則是玉兔山、鶴問塞，南至賽湖村，北至賽湖閘，閘距長江僅六百米，在面積約三平方公里的地域內均發現有遺物和遺跡。由於湖水的沖刷，湖中暴露了窯址、作坊、水井、房址和墓葬，在丘陵地帶也發現了遺物和遺跡。有些平地因已開墾成農田，故遺物遺跡情況不明。

發現的遺跡中有一處陶瓷作坊遺址，在長約九十米、寬約四十米的範圍之內，發現有房址一座、窯址一座、水井四口、沉澱陶瓷泥用的圓坑十多個。房址呈長方形，一邊長約十米，有十一個方形柱礎坑，另一邊長約九米，有十個方形柱礎坑；一邊寬約四米，亦有四個方形柱礎坑。窯呈葫蘆形，長約四米，最寬處為

第二期。

二米，最窄處為一米，該窯除燒製青瓷器外，還燒製板瓦，並殘存一些網錢紋磚。水井用網錢紋磚豎砌，井徑一米，填土五十釐米。淘洗瓷泥的圓坑徑一米，泥多呈灰白色，有的呈黑灰色。

在其他地方也發現了磚窯、陶瓷窯、水井、冶鐵遺跡、墓葬等。磚窯呈圓形和方形，陶瓷窯有橢圓形和三角形兩種。三角形窯特別多，一頭呈尖狀，另一頭平齊，長約三米，兩邊呈等腰稍拱，最寬處的腰部約三點三米。橢圓形窯形似臥蛋，全長三點八米，腰部寬二米。水井的形制多樣，多用花紋磚砌圈，有的平砌，有的豎砌，有的用拱形磚砌，有的用磚豎砌後，又用一磚支撐。有一口特殊的井選用一長圓樹幹將中部刳空，待井挖好後，將樹幹放置其中，以作井圈使用。在一處似宮殿遺址的地方，發現有類似庭園的遺跡，在呈長方形的台地（長約 20 米，寬約 10 米）中間有一長方形水池（長約 3 米，寬約 2 米），四角都放置有上千斤重的作假山用的太湖石，這很可能是當時貴族花園的遺留物，是我國較早的庭園遺存。發現的冶鐵遺跡，只見有殘留的鐵渣、鐵礦石和鐵錢。

在城址先後採集到的遺物多達二百餘件，有生產工具、生活用器、兵器和建築材料。

生產工具有石斧、石紡輪、石臼、石磨、陶網墜、陶紡輪、瓷擂鉢等。石磨與河北滿城西漢中山靖王墓的出土物類似。

生活用器有陶瓷質的罐、鉢、缸、壇、甕、壺、雞首壺、碗、盤、盅、碟、托盞、杯、扁形紐蓋、笠狀紐蓋、硯台等。從造型特徵看，其間歷經西漢、東漢、西晉、東晉、南朝、隋、唐等朝。

建築材料有粗繩紋和細繩紋磚、同心圓紋磚、車馬紋磚；磚銘有「普通六年」（525 年）、「大通元年」（527 年）以及「周」字紋磚。瓦有粗繩紋和細繩紋板瓦、素面板瓦、橅紋筒瓦。有塊梯形板瓦特別大，長三十八釐米，一頭寬二十八釐米，另一頭寬三十三釐米。瓦當飾有獸面紋、卷雲紋及蓮瓣紋等。

城址西鄰，綿延二公里的丘陵地帶，即龍門山、玉兔山、鶴問塞等處，散佈有大量的西漢、東漢至南朝的花紋磚室墓，一九七六年以來曾配合基本建設清理殘墓三十餘座，出土有大量隨葬器物，為判斷城址年代提供了佐證。

七　昌邑城址

據《太平寰宇記》記載：「昌邑城在州北，水路一百三十七里。」雷次宗《豫章記》記載：「昌邑城在縣西北六十里慨口，……今名游塘城。」**[74]**

劉賀，西漢昌邑哀王劉髆之子，漢武帝之孫。劉髆曾封為昌邑王，立國於山陽郡（今山東省境內）。始元元年（前 86 年）劉賀繼承昌邑王位時，恰是風華正茂的年歲，可惜他放蕩不羈，我行我素，隨心所欲，自甘墮落。元平元年（前 74 年）漢昭帝死後，沒有兒子繼承帝位，朝廷在焦慮中因擔心帝位旁落，大將軍霍光便奏請皇后征昌邑王劉賀繼帝位。劉賀在接太后懿旨赴長

74　劉曉祥、李科友：《九江縣發現古尋陽城址》，《江西歷史文物》一九八五年第二期。

安途中，亦性情不改。先皇去世，繼承帝位的王子本應悲哀大慟，但他卻整日酒宴笙歌，以至進入長安城以後，仍無悲傷之狀，儘管有謀臣在旁邊耐心勸導，他卻當作耳邊風。劉賀繼承帝位之後，位極人臣，卻昏庸無度，整日尋歡作樂，不理朝政，終因「行淫亂」而被廢，在位僅短暫的二十七天，卻觸犯法規百餘條。漢宣帝繼位後，先將劉賀貶回原封地山東昌邑，後又考慮到劉賀在此早有根基，恐其羽翼成熟，招兵買馬，覬覦帝位，於是改封其為海昏侯，詔曰：「蓋聞像有罪，舜封之，骨肉之親，析而不殊。其封故昌邑王賀為海昏侯，食邑四千戶。」劉賀被封為海昏侯後，就國來到南昌，築昌邑城。昌邑古城在今新建縣城東北六十公里的昌邑鄉游塘村南六百米處，西臨贛江，東依恆湖、聯圩，距昌邑街二公里，土城平面略呈長方形，長六百米（《新建地名志》稱長約 3 公里），寬四百米。土城面積約二平方公里。南牆現已改作防洪圩堤，西牆較低，東牆與北牆保護較好，宛如小山崗。城牆為夯土築成，高約十米，基寬十二米，設有四個城門。北牆與正中有兩個相距四米、略高於城牆的駝形土堆，即城門所在。城內採集有飾粗繩紋的大型漢代板瓦及青灰色花紋磚。

另外，在新建縣鐵河墾殖場南面的陶家山發現一座土城遺址。鐵河城址規模較大，為大小不等的三座城組成，坐落在鐵河和赤岸山、陶家山和舒家山一帶。大城東西直徑約二公里，南北為三公里，西南陶家山有一小城與大城相鄰，直徑約四百米。據一方墓碑碑文得知，大城曾名為「紫禁城」。小城呈長方形，長約三百米，寬約二百五十米，方圓七點五萬平方米，四周都是用

黃土堆積的高大土圍牆，城牆高三到五米。陶家山的土城還可以與舒家山、大塘方向的另外兩座土城連起來，形成六到七華里長的大土城。陶家山土城在東、南、西、北方向偏中尚存四個缺口，可能是原來的城門。城牆上有幾處略高於城牆的方形台地，應是箭樓遺跡。城的北面有鐵河，遠望可看到鄱陽湖。現城內已闢為農田、旱地，並見有少數近代墓葬。在耕地上和城牆內發現有不少繩紋板瓦和瓦當，採集到許多印紋陶片，飾有方格紋、繩紋、網結紋、葉脈紋、米字紋等紋樣，器形有雙耳陶罐、陶盆、陶尊、陶碗、陶缸等，還發現有青瓷片、鐵器等。從出土文物可以認定陶家山城址的延續時間是從戰國晚期到東漢時期。

在鐵河墾殖場以西還有赤岸城址，土城南北寬三公里，東西長二公里，面積六平方公里。城牆為夯土築城，高三到五米，基寬八到十米，城外有護城河，今已乾涸，僅存壕溝。舒家山保存有漢代古墓群，墓葬分佈在一座孤突的小山上，墓地呈四級梯形排列，第一層地勢最低，墓封土堆最小，有墓約五十座；第二層地勢稍高；第三層居中，墓封土堆比較大，底徑超過三十米的有五座；第四層最高處有三座墓，封土堆底徑達五十米以上。

據《新建縣誌》記載：「海昏侯劉賀墓在昌邑城內，有大墳一所，小墳二百許。」《清一統志》記載：「海昏侯劉賀墓在新建縣北昌邑城中，大冢一，小冢二百許，舊名百姥冢。」昌邑游塘村城址與鐵河城址的陶家山、紫禁城、赤岸城址，中間由贛江西支流相隔，兩城址相距三十餘公里，與南昌距離大致相等，均

在五十公里左右，昌邑古城部分保存完好。[75]

八　吳平城址

東漢中平二年（185 年）所設的漢平縣（後稱吳平），其治城就建在今樟樹市區西南五十五公里處的中州鄉門樓村古吳平圩，其管轄地除今樟樹市境的一部分外，西達今新余市等地，直到隋開皇十一年（591 年）撤銷吳平縣為止，前後長達四百〇九年。

據清乾隆《清江縣誌》記載：「吳平縣，《寰宇記》本漢末漢平縣，三國時改為吳平……今其地金城寺、土城尚存。」同卷有關金城寺的方位、九十九阜峰幽勝、漢平（吳平）故城坐落的記載，與考古調查資料基本一致。

漢平（吳平）舊城址東臨蒙河，西接馬祖山，南望九十九阜峰，東北連著寬闊的沖積平原。當時蒙河水深河闊，與袁水、贛江、彭蠡、長江連成暢通的水運網。據考古調查，蒙河兩岸發現的春秋戰國遺址有二十多處，可見古時這裡已是村落星羅棋布、經濟繁榮的地區，為東漢設置漢平縣治城創造了條件。

一九七五年、一九八二年考古工作者對漢平（吳平）城址進行過考古調查。當時殘存的土築城牆高約一到五米，寬二到六米，面積約五十多公頃。北面殘存的一段城牆還保存著明顯的夯

75　李豆羅主編：《南昌歷史文化叢書》，百花洲文藝出版社二〇〇四年版。

土板築痕跡，夯築結實堅硬。北城門缺口處和西南面城基堆積有漢代繩紋板瓦、筒瓦和瓦當碎塊。城內現為民居、耕地，金城寺遺跡可尋，近代寺房猶存，門楣有「憩雲精舍」石刻橫額；平日動土處時見有青瓷殘片和飾有方格紋、繩紋、米字紋、麻布紋、葉脈紋的漢代陶片。此外，還採集到鐵鋤兩件，其中一件長十二釐米、寬五點五釐米，長方形銎。一九七六年在九十九皇峰古墓葬群發掘東漢墓兩座，由於被盜，出土文物不多，但還見有陶鼎、陶罐、石器等。[76]

九　麗城城址

麗城城址位於豐城市東南二十五公里的拖船鎮麗城村，地勢為平緩的丘陵地，北高南低。城址平面呈長方形，有夯土築城牆和高出城牆六到七米的形似城堡的台地，周長約三公里，內城面積約十六點七萬平方米，城垣保存尚好，殘高二到三米，有城門、城壕等，土築牆下積壓有粗繩紋筒瓦，地面散存有戰國時代的米字紋陶片和漢代的方格紋陶片。採集的文化遺物有高足豆、石斧、石錛，以及陶罐殘部、馬蹄形器足等。考古工作者認為這裡是一處保存較好的東周至西漢時期的古城址。[77]

76　何其愚、黃頤壽：《清江吳平漢城調查》，《文物工作資料》一九七五年第六期；李昆等：《古國名邑·中華藥都》，江西人民出版社二〇〇三年版。

77　李科友：《江西城址普查綜述》，《江西歷史文物》一九八五年第二期。

　　上述古城分處贛北、贛中、贛南，一般都坐落在水陸交通的要道，是居民集中點所在，也是一個地區政治、軍事、經濟、文化、教育的中心。通過對城址演變、遷移的研究分析，既可看到自然環境的變遷，又可探討當時的社會歷史狀況。

第三章————

秦漢時期江西的經濟（上）

隨著漢初豫章郡的設置，江西地區的社會經濟日漸得到開發，特別是東漢時期，其發展步伐明顯加快。由於統一局面的持續穩定，國家「重農」政策的大力扶助，全國各地之間經濟互動關係日益緊密，大江南北人口流動、技術交流成為可能。在這一社會背景下，起點低、開發晚的江西地區猶如注入了新的血液，充滿生機。鐵農具的使用和牛耕技術的引入，生產效率得以提高，土地墾闢面積得以擴大，在原來「火耕水耨」、「飯稻羹魚」的基礎上，形成了以稻作為主兼及漁獵、家禽飼養業和其他種植業多種經營的農業經濟格局，並由此帶動了手工業、商業的進步，大量手工業器物和錢幣的出土，有力地說明了這一點。因此，秦漢時期的江西經濟，雖然還不能與其他發達地區尤其是中原地區相比，本身也存在地區發展的不平衡性，南北差距較大，但在全國的經濟地位明顯上升，真正進入了一個穩步發展的階段，為六朝唐宋時期江西經濟的發展繁榮奠定了基礎。

第一節 ▶ 自然環境

江西地處長江中下游南岸，東、南、西三面環山，北臨長江，整個地勢由南向北、由外向裡傾斜，形成了一個向長江開口的盆地。贛南山地多，贛中丘陵多，贛北鄱陽湖地區平地多，故其地形地貌特徵是山地、丘陵多，平地少。由於遠離政治中心，長期處於「荒蠻」、「邊緣」狀態，農業開發較遲，遭受兵災也較少，所以，直至秦漢，自然環境沒有受到多大破壞，仍然保留著原始性、多樣性狀態。氣候溫和，雨量充沛，水資源相當豐

富，北面的彭蠡澤是漢代五大湖之一；山丘多、平原少，邊界山脈奇峰異谷，林海霧嵐、清泉飛瀑，孕育著無數的珍禽怪獸，蘊藏著豐富的動植物和礦物資源。當然，即便生態環境沒有遭受破壞，江西的自然災害亦不少見。為了防止災害，漢人採取了一系列的措施。從文獻、考古資源來看，漢人對江西的生態環境有一定的認識，而且有充分利用與保護生態環境的意識。

一　氣候條件與自然資源

從現代氣象學來看，江西省地處北迴歸線附近，屬於亞熱帶季風氣候區，四季分明，陽光充足，氣候溫和，年平均氣溫攝氏十一點六度到十九點六度；雨量豐沛，年均降水量一千六百三十七點九毫米左右。歷史時期，中國氣候狀況與當前基本相似而略有差異，經歷了幾個暖寒變化的過程。據氣象學專家竺可楨考證，秦漢正處在由暖趨冷的轉換時期，認為「戰國秦漢時期，氣候繼續暖和」，「到東漢時代，即公元之初，我國天氣有趨於寒冷的趨勢」[1]。秦漢史專家王子今也指出：「許多資料可以表明，秦漢氣候確實曾經發生了相當顯著的變遷。大致在兩漢之際，經歷了由暖而寒的歷史轉變。」[2]也就是說，秦漢時期全國的氣溫比現在略微高些，「長江流域氣溫和濕度與今天的珠江流域相

1　竺可楨：《中國近五千年來氣候變遷的初步研究》，《人民日報》一九七三年六月十九日。

2　王子今：《秦漢氣候變遷和汀南經濟文化的進步》，《秦漢史論叢》第六輯，江西教育出版社一九九四年版，第 23 頁。

近」[3]，這對農作物生長特別是南方水稻種植業的發展是非常有利的。

溫暖的氣候條件和江西特有的地理環境孕育出了豐富的自然資源。

自然資源是一個十分寬泛的概念，通常指自然界中對人類活動與生產有用的一切物質和非物質的總稱。它是人類生活和生產的資料來源，是人類社會、經濟發展的基礎，也是人類生存環境的基本要素。自然資源的種類比較多，根據空間來劃分，可以分為地面資源、地下資源、海洋資源三大種類，其中地面資源分為氣候、土地、水、動植物等資源；地下資源分為礦產、地下水、地熱等資源；海洋資源分為海水、海洋生物、海底礦產、潮汐等資源。地處內陸的江西，地面和地下的土地、水、動植物、礦產等資源都較豐富。

1. 土地資源

黃今言主編的《秦漢江南經濟述略》中根據《中國歷史地圖集》（第二集）大致推測出江西與湖南、湖北、福建、浙江等江南各省的土地資源比例狀況，詳見下表[4]：

3　邵鴻：《江西通史・導論》，見《江西通史・先秦卷》，江西人民出版社二〇〇八年版。

4　黃今言主編：《秦漢江南經濟述略》，江西人民出版社一九九九年版，第38-39頁。

表 3-1　江西與鄰省土地資源比例狀況對照表　　　　　　　　單位：平方公里

	總面積	山地面積	占比例	丘陵面積	占比例	平原面積	占比例
江西	167717	84194	50.2	47967	28.6	35556	21.2
湖南	211990	106631	50.3	70168	33.1	35190	16.6
湖北	184749	95330	51.6	25125	13.6	64292	34.8
福建	120958	87694	72.5	17418	14.4	15845	13.1
浙江	101267	61266	60.5	6683	6.6	33316	32.9

　　上表可知，與周邊省份比較，江西地區的總面積十六萬七千七百一十七平方公里，居中；而山地面積八萬四千一百九十四平方公里，所占比例百分之五十點二，是最少的；丘陵面積四萬七千九百六十七平方公里，所占比例百分之二十八點六，居第二位，僅次於湖南省；平原面積三萬五千五百五十六平方公里，所占比例百分之二十一點二，居中。實際上，江西省就是山地為主、平原少的地表特徵。

　　秦漢時期，司馬遷《史記・貨殖列傳》說，「楚越之地，地廣人稀」，這反映了江西地區「地廣人稀」、土地資源豐富的事實。《漢書・地理志》記載：

淮、海惟揚州……田下下，賦下上。

荊及衡陽惟荊州……厥土涂泥。田下中，賦上下。

　　師古注曰，揚州地區「田第九，賦第七。又雜出諸品」。說

明揚州之地（包括豫章郡）田地肥沃程度居全國第九，位列倒數第一；賦稅居第七位，排名倒數第三位。荊州（湖南、湖北）則是「田第八，賦第三」，即田地肥沃程度居第八位，賦稅居全國第三位。相比之下，江西地區的土地開墾少，農業開發緩慢，田賦自然不多，比不上湖南、湖北兩省區域。

由於當時江西處於農業不發展的地區，朝野上下都不重視，所以中原人士知之甚少，對於豫章郡的土壤資源也沒有留下什麼直接記錄。但是，在《呂氏春秋》、《淮南子》、《四民月令》、《氾勝之書》、《說文解字》、《釋名》、《論衡》、《九章算術》、《齊民要術》等秦漢文獻中，有不少關於土地資源的記載，這些記載既說明秦漢人已經具備土壤分類學的基本認識，又反映了當時全國各地土地資源的分佈狀況。[5]

土壤分類方面，有按土壤性狀分類者，如《淮南子・地形訓》，根據土壤的不同屬性劃分為四大類型：以土壤的重量來劃分輕土與重土；以土壤的板結後堅硬程度來劃分堅土與弱土；以土壤的粘性與含沙量來劃分「壚土」與「沙土」；以土壤的鬆軟程度來劃分「息土」與「耗土」。《氾勝之書》、《四民月令》、《齊民要術》也有類似記載，按土壤性狀區分為強土、緩土、弱土。強土包括了《淮南子》中提到的重土、堅土、粘土，弱土也包括了《淮南子》中記載的沙土、輕土與弱土。

5　參見藍愷忱范楚玉主編：《中國科學技術史・農學卷》（第52章），科學出版社二〇〇〇年版。

有按土壤顏色分類的，如《論衡‧十性篇》云：「九州田土之性，善惡不同，故有黃赤黑之別，上中下之差。」將土壤分為黃、赤、黑三種，區分出土壤的肥沃貧瘠程度三等。漢人認為土壤顏色不同，適宜種植不同的農作物，即不同顏色的土壤具有不同的功能。《孝經援神契》曰：「土黃白宜種禾，黑墳宜黍麥，蒼赤宜菽，白宜稻，汙泉宜稻。」[6]張華《博物誌》亦云：「五土所宜，黃白宜種禾，黑墳宜黍麥，蒼赤宜菽芋，下泉宜稻，得其宜，則利百倍。」江西地區的土壤顏色主要是「土黃」、「土赤」兩種，即以黃壤、紅壤為主，大部分地區因含氫氧化鐵成分高而呈現紅色土壤，還有一些「土青」與「土白」，「土青」可能是山地草甸土，「土白」是含有二氧化硅、碳酸鈣、高嶺土、氫氧化鋁等成分高的白色土壤，並沒有北方的黑土，黑色土壤含有大量的有機物腐殖質，土質疏鬆，而且特別肥沃。

此外，《氾勝之書》、《四民月令》、《齊民要術》還按土壤肥瘠來區分為美田和薄田。《淮南子》中記載緩土則土性中和不強不弱，常與美田、良田並提，肥力比較足。如《氾勝之書》說：「種芋法，宜擇肥緩土近水處，和柔糞之。」《四民月令》說：「二月，陰凍畢釋，可菑美田、緩土及河渚小處。」《齊民要術‧旱稻》說：「旱稻用下田，白土勝黑土。」、「白土」是指貧瘠的沙壤；而「黑土」則指肥沃的粘性土壤，這說明了古人認識到不同的土壤適宜不同的農作物生長，像江西地區貧瘠沙質土

6　《緯書集成》上冊，上海古籍出版社 1994 年版，第 336 頁。

壤居多，沒有北方的黑色沃土，適宜種旱稻。因而《禹貢》、《漢書・地理志》說揚州「田下下」，列為最差一級，農業生產欠發展，則「田賦下上」，名列倒數第二位。

2. 水資源

豫章境內，江河縱橫，水網密布，是典型的水鄉之地。《漢書・地理志》云：

豫章郡，高帝置。莽曰九江。屬揚州。……彭澤，《禹貢》彭蠡澤在西。鄱陽，武陽鄉右十餘裡有黃金采。鄱水西入湖漢。……余汗，餘水在北，至鄡陽入湖漢。……艾，修水東北至彭澤入湖漢，……贛，豫章水出西南，北入大江。新淦，都尉治。莽曰偶亭。（應劭曰：「淦水所出，西入湖漢也。」）……南城，盱水西北至南昌入湖漢。……建成，蜀水東至南昌入湖漢。……宜春，南水東至新淦入湖漢。……雩都，湖漢水東至彭澤入江，行千九百八十里。鄡陽，莽曰豫章。南 ，彭水東入湖漢。

這段常為學者所引用的史料，主要記載的是豫章郡政區狀況，但也反映了豫章郡江河湖泊資源的豐富，尤其是淡水資源富足。在眾多的河水中，有鄱水（今昌江[7]）、餘水（今信江）、修

7　譚其驤：《中國歷史地圖集》（第二冊），中國地圖出版社一九八二年版。文中註釋今地名，均參見此書，下文省略。

水、豫章水（今章水）、淦水、盱水（今撫河）、蜀水（今錦江）、南水（今袁江）、湖漢水（今贛江）、彭水（今桃江）等；柴桑、彭澤一帶有長江經過，又有江南少見的淡水大湖泊——彭蠡澤，即今天都陽湖的前身，系古人認為的「五湖」之一。[8]因此，與周邊同屬長江中下游地區的南郡、會稽、丹揚等郡相比較，豫章郡的水資源是較為豐富的。

從這段史料的寫作思路上看，班固是從水流低的彭蠡澤、鄱水寫起，然後寫到「湖漢水」（今贛江）源頭之一：豫章水（今章水），最後提到「湖漢水」另一源頭在雩都（今於都）的貢水。這與桑欽寫《水經》、酈道元作《水經注》的思路恰好相反，基本反映了豫章郡的水系網絡。在漢代，鄱水、餘水、盱水等河流均匯集於「湖漢水」後流入彭蠡澤，這個匯集點就在今都陽湖水域位置，後世因地面下沉和湖口水位上升而造成彭蠡澤南部分水域擴大，最終形成為後來的都陽湖。所以，今昌江、信江、撫河並不注入贛江，而是直接流入都陽湖。

在水系問題上，班固不如漢代桑欽瞭解豫章郡的水資源，班固稱今贛江為湖漢水，而桑欽直接稱贛水。桑欽在《水經》中清楚地描述了贛水是豫章郡的主流：

贛水出豫章南野縣。西北，過贛縣東。又西北，過廬陵縣西。又東北，過石陽縣西。又東北，過漢平縣南。又東北，過新

8　《史記》卷二九《河渠書》記載：」於吳，則通渠三江、五湖」。五湖者，郭璞《江賦》云具區、洮湧，彭蠡、青華洞庭是也。

淦縣西。又北,過南昌縣西。又北,過彭澤縣西。北,入於江。

同時,還記載了兩條河流:一是發源於艾縣、西注湘水的
水(今修水),二是途經彭澤縣、北入江水的廬江水(今樂安江
上游廬源水)。

北魏酈道元因《水經》記載過略而撰《水經注》,對豫章郡
贛水水系、河流分支及其周邊地區相關森林、礦產、動物資源等
狀況作了更詳細的描繪。[9]其中註明的河流有:贛水、豫章水、
湖漢水、牽水、淦水、盱水、濁水、餘水、鄱水、繚水、修水,
與《地理志》相比較,水系名稱有所變化,其中牽水,《地理志》
稱南水;濁水,《地理志》稱蜀水。在這「十川」中,贛水(今
贛江)是主流,「其水總納十川,同臻一瀆,俱注於彭蠡也。北
入於江。」這些河流的分佈與流向,清人汪士鐸在其《水經注
圖》中作過圖示(見圖3-1),可供今人參考。

《水經注》還特別指明贛水水質清淨,是大江南難得的淡水
資源。所謂「大江南贛水,總納洪流,東西四十里,清澤遠漲,
綠波凝淨,而會注於江川」,是當時贛境水資源尚處在原生狀態
的形象寫照。

當然,秦漢時期江西境內的河水支流數量絕不止《水經注》
中所說的「十川」。受當時江西經濟開發程度低的影響,酈道元生

9　詳見〔北魏〕酈道元著、〔民國〕楊守敬、熊會貞疏《水經註疏》卷
　　三九,江蘇古籍出版社一九九九年第二版,第3228-3255頁。

前無法深入原始荒林莽草中尋覓和瞭解更多的水系源流。直至清代，江西的荒野山區逐漸被開發，尤其是贛南原始森林的山地、山田的開墾，加上不同農作物種植的推廣，對水資源的需求越來越大，人們對江西的山泉、河流才有了更全面的認識。總之，富足的淡水資源，在江西脫離「荒蠻」狀態的進程中起過重要作用，為日後江西成為農業大省、糧食生產基地提供了的先決條件。

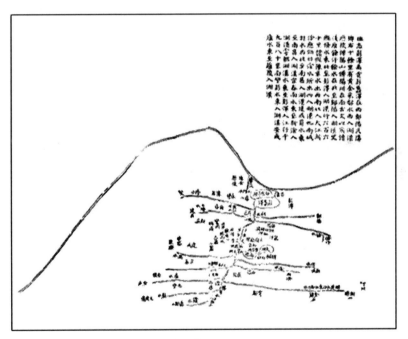

圖 3-1　《水經壓圖》贛水及其支流圖[10]

10　〔北魏〕祁道元著、（清）汪士鐸圖、陳橋驛校釋：《水經注圖》，載

3. 動植物資源

秦漢時期，江西「地廣人稀」，山丘多，平地少，又有充沛的水資源，成為動植物生長、繁殖的天然場所。《史記・貨殖列傳》稱：「淵深而魚生之，山深而獸往之。」《淮南子・說山訓》亦云：「水積而魚聚，木茂而鳥集。」說的雖是整個江南情況，但江西顯然涵蓋在內。從文獻與考古資料來看，江西的動植物資源是相當豐富的，其主要表徵如下：

其一，森林資源豐富，植被覆蓋面廣大，尤其是贛南地區森林茂密，基本處於原始狀態。

據《史記・楚世家》載，楚之先人「熊繹辟在荊山，篳露藍蔞以處草莽，跋涉山林以事天子，唯是桃弧棘矢以共王事」。注引服虔曰：「草行曰跋，水行曰涉。」又曰：「桃弧棘矢所以卻其災，言楚地山林無所出也。」可見楚地山林茂密，與外世交通不暢。又據《越絕書・計倪內經》說，吳地「山林幽冥，不知利害所在」。江西曾是「吳頭楚尾」，這兩則史料似能反映當時江西的原始森林狀況。漢代，司馬遷在《史記・貨殖列傳》中稱此地「多竹木」，也與今江西湘贛、閩贛邊界山區森林茂密、竹木繁盛完全相符。

司馬相如《子虛賦》曰：「雲夢者，方九百里，其中有山焉。其山則盤紆岪郁，隆崇嵂崒；岑岩參差，日月蔽虧；交錯糾

山東畫報出版社二〇〇三年版，第 90、91 頁。本書對該圖文字作了調整，僅保留水名並直新棺字以顯清晰。

紛，上干青雲；罷池陂陁，下屬江河。……其北則有陰林巨樹，
梗楠豫章，桂椒木蘭，檗離朱楊，欏梨梬栗，橘柚芬芳。」[11]這
裡雖然是說雲夢林木水果之盛貌，但是近鄰的江西氣候、水土與
之近似，所述林木亦均為江西境內所有。司馬相如還提到「樗棗
楊梅」，張揖曰：「楊梅，其實似穀子而有核，其味酢，出江南
也。」[12]楊梅在江西山區是相當常見的野果。

左思《吳都賦》中比較詳細地描繪了江南地區的森林資源盛
況，說：

方志所辨，中州所羨。草則藿荳蔲，姜匯非一。江蘺之屬，
海苔之類。綸組紫絳，食葛香茅。……木則楓柙樟，栟櫚枸根。
綿杬杶櫨，文欀楨橿。平仲桾櫨，松梓古度。楠榴之木，相思之
樹。宗生高岡，族茂幽阜。擢本千尋，垂蔭萬畝。攢柯挐莖，重
葩殗葉。

其竹則篠簩，桂箭射筒。柚梧有篁，篻簩有叢。苞筍抽節，
往往縈結。綠葉翠莖，冒霜停雪。橚矗森萃，蓊茸蕭瑟。檀欒蟬
蜎，玉潤碧鮮。梢云無以逾，嶰谷弗能連。鸑鷟食其實，雛鷇擾
其間。其果則丹橘餘甘，荔枝之林。檳榔無柯，椰葉無陰。龍眼
橄欖，榴御霜。結根比景之陰，列挺衡山之陽。素華斐，丹秀
芳。臨青壁，系紫房。

11　《史記》卷一一七《司馬相如列傳》《漢書》卷五七上《司馬相如傳》。
12　《漢書》卷五七上《司馬相如傳》並注。

黃今言主編的《秦漢江南經濟述略》認為「秦漢江南的森林占地面積當超過山地丘陵的占地面積，即森林占地在百分之七十三以上」[13]，處在開發之初的江西，仍屬地廣人稀地區，森林覆蓋比率也應大體相似。

其二，以豫章、楠、梓、竹為主的森林資源富藏而聞名全國。

秦漢時期，江南所盛產的豫章、楠、梓、竹等林木最受秦漢人所喜愛，在兩漢文獻中屢見提及。據《漢書・地理志》稱：「淮、海惟揚州……篠簜既敷，魔夭木喬。」師古注曰：「篠」即小竹子，「簜」即大竹子，均是「布地而生」，異常茂盛。由此說明整個揚州地區盛產竹子，竹林分布廣闊，而江西的許多地區都產竹子，盧陵（今吉安市）一帶尤以盛產不同品種的竹子聞名。又如《鹽鐵論・本議篇》載大夫曰：

隴、蜀之丹漆旄羽，荊、揚之皮革骨象，江南之楠梓竹箭，燕、齊之魚鹽旃裘，兗、豫之漆絲絺，養生送終之具也，待商而通，待工而成。故聖人作為舟楫之用，以通川谷，服牛駕馬，以達陵陸；致遠窮深，所以交庶物而便百姓。

可見「江南之楠梓竹箭」，是與隴、蜀、荊、揚、燕、齊、兗、豫各地方物特產相媲美的。前引《吳都賦》材料也說明了這

13 黃今言主編：《秦漢江南經濟述略》，江西人民出版社一九九九年版，第45頁。

一點。又東漢後期，王符在《潛夫論》中說：

古之葬者，厚衣之以薪，葬之中野，不封不樹，喪期無數。後世聖人易之以棺槨，桐木為棺，葛采為緘，下不及泉，上不洩臭。中世以後，轉用楸梓槐柏杶樗之屬，各因方土，裁用膠漆，使其堅足恃，其用足任，如此而已。今者京師貴戚，必欲江南檽梓豫章之木。邊遠下土，亦競相放效。夫檽梓豫章，所出殊遠，伐之高山，引之窮谷，入海乘淮，逆河溯洛，工匠雕刻，連累日月，會眾而後動，多牛而後致，重且千斤，功將萬夫，而東至樂浪，西達敦煌，費力傷農於萬里之地。……今京師貴戚，郡縣豪家，生不極養，死乃崇喪。或至金縷玉匣，檽梓梗楠，多埋珍寶偶人車馬，造起大冢，廣種松柏，廬舍祠堂，務崇華侈。[14]

這裡提到的江南檽梓豫章等上等木材，顯然也有產自豫章郡的。

其三，動物種類繁多，分布廣泛，尤其彭蠡澤是各種候鳥集聚地。

據《漢書・地理志》載：「淮、海惟揚州。彭蠡既豬，陽鳥迄居。」師古注曰：「彭蠡，澤名，在彭澤縣西北。陽鳥，隨陽之鳥也。言彭蠡之水既已蓄聚，則鴻雁之屬所共居之。」隨陽之鳥，即候鳥鴻雁之屬每年來此度冬。時至當代，鄱陽湖依然是南

方地區最大的候鳥集散的最佳沼澤地。

　　江河湖水中魚鱉龜等動物種類比較多，江南之地有「飯稻羹魚」之稱，說明當地魚資源之豐富，鄱陽湖至今仍是淡水湖魚資源的主要生產基地。今贛北濱臨長江、彭蠡澤地區可能還出產「神龜」，如《漢書・地理志》載：「九江納錫大龜。」師古注曰：「大龜尺有二寸，出於九江。錫命而納，不常獻也。」**15**

　　對江南地區珍禽異獸動物描繪得最為生動者，仍是左思的《吳都賦》，其云：

　　其上則猿父哀吟，子長嘯。狖䶂猓然，騰趠飛超。爭接縣垂，競游遠枝。驚透沸亂，牢落翬散。其下則有梟羊麈狼，猰貐獌象。烏菟之族，犀兕之黨。鉤爪鋸牙，自成鋒穎。精若燿星，聲若云霆。名載於山經，形鏤於夏鼎。

　　鷗鶬南翥而中留，孔雀綷羽以翱翔。山雞歸飛而來棲，翡翠列巢以重行。

　　火齊之寶，駭雞之珍。

　　《後漢書・宋均傳》還留下了虎的記載。據稱，九江郡（治今安徽壽縣）虎多為患，經宋均整治後散逃臨郡。**16**豫章郡雖少

15　「九江」應泛指長江中下游濱江地區。

16　《後漢書》卷四一《宋均傳》：「遷九江太守。郡多虎暴，數為民患，常募設檻阱而猶多傷害。均到，下記屬縣曰：『夫虎豹在山，黿鼉在水，各有所托。且江淮之有猛獸，猶北土之有雞豚也。今為民害，咎

見動物記載，但從考古發掘來看，《吳都賦》中所描述的珍禽異獸及老虎等猛獸在豫章郡也留下了蹤跡，僅南昌墓葬中出土的動物骨骼就有虎、狼、獏、鹿、麋鹿、鳩、雀、孔雀、鳥等，可見當時江西境內野生動物種類多，數量大，動物資源豐富。

4. 礦產資源

秦漢時期，江西境內已經開採的礦產資源主要有銅、金、鉛、錫、煤等礦產。

（1）銅礦

自先秦以來，江西瑞昌銅礦就是全國的采銅礦中心之一，是江南最早、最大的采銅基地。《史記·平準書》：吳有「章山之銅」，疑「章」即「豫章」，漏「豫」字。如《史記·吳王濞列傳》說：「吳有豫章郡銅山，濞則招致天下亡命者盜鑄錢，煮海水為鹽，以故無賦，國用富饒。」《漢書·吳王濞傳》亦有類似記載。這與江西境內銅礦資源蘊藏的史實是一致的。至於《索隱》《正義》等注稱「豫章」乃「障郡」之誤、「或稱『豫章』為衍字也」，云云，不知理由何在？故宋代史學家樂史並不採《索隱》《正義》之說，在其《太平寰宇記·洪州》南昌縣條下說：「南昌山，在縣西三十五里……吳王濞錢之山，時有夜光，遙望如火，以為銅之精光。」

依託銅礦資源，豫章郡銅器亦久負盛名，如《宋書·符瑞

在殘吏，而勞勤張捕，非憂恤之本也。其務退奸貪，思進忠善，可一去檻阱，除削課制。』」其後傳言虎相與東 遊渡江。

志》載：

> 晉成帝咸康五年，豫章南昌民掘地得銅鐘四枚，太守褚裒以獻。
>
> 元嘉二十二年，豫章豫寧縣出銅鐘，江州刺史廣陵王紹以獻。
>
> 孝武帝孝建三年四月丁亥，臨川宜黃縣民田中得銅鐘七口，內史傅徽以獻。
>
> 明帝泰始四年二月丙申，豫章望蔡獲古銅鐘，高一尺七寸，圍二尺八寸，太守張辯以獻。
>
> 泰始五年五月壬戌，豫章南昌獲古銅鼎，容斛七斗，江州刺史王景文以獻。

這些出土或發現於豫章境內的銅鐘、銅鼎，雖不能斷定就是秦漢時期的，但應屬魏晉之前文物則無疑義，同時也從一個方面反映了豫章銅礦資源在全國的地位。當代考古發掘進一步印證了歷史記載。在南昌、修水、遂川、萍鄉、宜春、鉛山、贛州、寧都等地陸續出土了不少漢代青銅器，諸如銅鼎、銅鏡、銅釜、銅壺、銅熏爐、銅劍、銅鐘、五銖錢等，其中銅提梁壺與銅鏡鑄造工藝精湛。南昌市郊區塘山出土的銅提梁壺肩腹部均飾凸弦紋，腹側鑄鋪首，提梁把兩端呈龍頭狀，分唧壺鏈，製作精緻。[17]

17　唐山：《南昌塘山東漢墓》，《文物工作資料》一九七六年第五期。

（2）金礦

根據《史記・貨殖列傳》記載：「豫章出黃金。」《集解》徐廣曰：「鄱陽有之。」《正義》、《括地誌》云：「江州潯陽縣有黃金山，山出金。」《漢書・地理志》及注進而曰：

揚州地區出「貢金三品」，師古注曰：「金、銀、銅。」「豫章郡，高帝置。莽曰九江。屬揚州。……彭澤，《禹貢》彭蠡澤在西。鄱陽，武陽鄉右十餘裡有黃金采。」師古曰：「采者，謂採取金之處。」

《後漢書・郡國志》亦稱「南城、鄱陽有鄱水。黃金采」。此後，有關江西產黃金的記載不絕於書，如：

《晉書・地理志》：「鄱陽樂安出黃金，鑿土十餘丈，披沙所得，大如豆，小如粟米。」

王隱《晉書》：「鄱陽樂安出黃金，鑿土十餘丈，披沙之中。所得者大如豆，小如粟米。」[18]

民國二十七年（1938年）夏湘蓉、劉輝泗《德興縣礦產志》：黃柏洋金山（即今金山金礦），位於黃柏洋村北（詹村鄉境內），「拔地面五、六十公尺，山脊開有直井十餘口，深淺不一，深者達二、三丈，淺者數尺，徑大僅能容人，據云均為昔時採金者所

18　《初學記》卷二七《寶器部》。

掘」。

關於金礦的開採權，西漢前期實行包稅制，即由大冶金工礦主承包，向朝廷交納一定的稅收。張家山漢簡《二年律令・金布律》載曰：

採金者租之，人日十五分銖二。民私采丹者租之，男子月六斤九兩，女子四斤六兩。（簡四三八）

豫章郡的金礦開採應不例外。然而豫章郡的金礦相對少，開採難度又特別大，除去稅收後工礦主採金獲利甚小，故開採量很有限，正如司馬遷所說：「豫章出黃金，長沙出連、錫，然堇堇物之所有，取之不足以更費。」[19]《集解》應劭注曰：「堇，少也。更，償也。言金少少耳，取之不足用，顧費用也。」這種狀況，直至明代依然未變。宋應星在《天工開物・五金》說：「凡中國產金之區，大約百餘處，難以枚舉。山石中所出，大者名馬蹄金，中者名橄欖金、帶胯金，小者為瓜子金。水沙中所出，大者名狗頭金，小者名麩麥金、糠金。平地堀井得者，名面沙金，大者名豆粒金。皆待先淘洗後冶煉而成顆塊。」「河南蔡、鞏等州邑，江西樂平、新建等邑，皆平地堀深井取細沙淘煉成，但酬答人功所獲亦無幾耳。」時至今日，鄱陽仍出產黃金，但是黃金

19 《史記》卷一二九《貨殖列傳》。

產量相當少。

（3）煤礦

在古代文獻中，煤被稱為「石炭」、「烏薪」、「黑金」等。從文獻與考古資料來看，中國是最早開採與利用煤的國家。據當代學者研究，早在六七千年以前的新石器時代晚期，原始先民就用煤精磨製出了古樸的用品；據發掘資料初步統計，從遼寧、陝西、山西、四川、河南、新疆、甘肅、廣東、江蘇、黑龍江等十個省區三十多個縣市數十處古墓、遺址中出土的煤精製品和坯料、煤塊等，共計已有五百五十多件。在西安市郊張家坡、普渡村兩處西周古墓群中，出土八件煤精塊、環；在寶雞茹家莊、竹圓溝和扶風黃堆鄉以及山西洪洞水凝堡等地的西周古墓中，也出土一百多件煤精塊、珠，這是中國早期認識、利用煤炭的又一批確鑿證據。[20]由此可見，中國開採與使用煤炭的歷史悠久，源遠流長。

在漢代，煤炭的開採與使用進一步發展。據考古發掘，從四川奉節風箱峽，陝西風翔八旗屯、旬陽縣城和西安環城馬路，河南陝縣劉家渠，甘肅酒泉下河清、嘉峪關，廣東廣州和封開縣江口，黑龍江滿洲裡扎賚諾爾以及遼寧蓋縣、遼陽的漢代古墓中，出土了煤精羊、豬、獅、髮飾、耳璫、平玉、飾牌、羊形玉等共十五件；在新疆民豐尼雅遺址出土漢代煤玉印章一枚；從廣州郊

20　祁守華編：《中國古代煤炭開採利用軼聞趣事》，煤炭工業出版社一九九六年版，第2頁。

區兩座東漢墓中，出土了由數千粒琥珀珠、瑪瑙珠、寶石珠、水晶珠串連起來的一些珠飾，內有煤精珠兩粒。[21]

江西最早開採與使用煤炭的歷史，可以追溯到漢代。據《後漢書・郡國志》「豫章條」中引雷次宗《豫章記》注曰：

（建城）縣有葛鄉，有石炭二頃，可燃以爨。

除生活使用以外，還用於冶煉業等生產行業，因為煤炭耐燒，持續時間長，溫度高，是冶煉行業中最理想的燃料。一九五八年，在河南鞏縣鐵生溝發現一處規模巨大的冶鐵遺址中，發掘出「煤塊」、「煤餅」、「煤渣」，也發現有少量木炭和木炭燃燒後的黑灰，這些說明西漢時期煤炭已經被用作冶鐵燃料了。一九七五年，在河南鄭州古滎鎮冶鐵遺址中挖掘出「煤餅」，說明西漢後期此冶鐵遺址中已經使用煤炭冶鐵。[22]北魏地理學家酈道元在《水經注・河上篇》中引東晉道安《釋氏西域記》說：「屈茨（即龜茲）北二百里有山……人取此山石炭，冶此山鐵。」這是古代文獻中第一次明確記載了用煤冶鐵史實。

南北朝時，北方民戶已經廣泛使用煤取暖、燒飯，唐朝時，江南也廣泛使用煤，至宋朝時，煤炭在京城汴梁已經是家用日常

21　祁守華編：《中國古代煤炭開採利用軼聞趣事》，煤炭工業出版社
　　一九九六年版，第3頁。
22　《鄭州古滎鎮漢代冶鐵遺址》，《文物》一九七八年第二期。

的燃料，如莊季裕在《雞肋篇》說：「數百萬家，盡仰石炭，無一家燃薪柴火者。」

二　自然災害與生態環境

1. 自然災害

漢代自然災害種類繁多，大致可分水災、旱災、蝗災、地震、疫災、風災、淫雨霖雨、冰雹、饑荒等等，今查《漢書》《後漢書》各本紀、天文志、律歷志、地理志、郡國志等，在兩漢時期幾乎無年無災。具體情況見下表：

表 3-2 兩漢自然災害數量統計表

	水災	旱災	蝗災	地震	疫災	風災	淫雨霖雨	冰雹	霜雪	饑荒	總計
西漢	23	21	16	16	1	7	6	5	11	9	115
東漢	48	27	26	61	17	14	9	15		14	231
總計	71	48	42	77	18	21	15	20	11	23	346

兩漢歷時共四百餘年，所發生的自然災害至少有三百四十六次之多，年均發災率為百分之八十一，也就是說，每十年至少有八次災害；每五十年至少有四十餘次災害；每百年至少有八十一次災害。西漢時，自然災害次數相對較少，為一百一十五次，年均發災率為百分之五十四，每二年至少有一次災害。然而，東漢自然災害的總數大大高於西漢，達二百三十一次，年均發災率為百分之一百一十七，高於西漢的六十多個百分點，幾乎每年至少

有一二次，甚至多達三次（如安帝時期）。從數量上分析，東漢發災次數幾乎是西漢的二倍之多。其中，水災，東漢是西漢的二點一倍；地震，東漢大約是西漢的四倍；疫災，東漢是西漢的十七倍；風災，東漢是西漢的二倍；冰雹，東漢是西漢的三倍。與西漢的其他災害相比，東漢旱災多六次，蝗災多十次，淫雨霖雨多四次，饑荒多五次。一句話，東漢的災害次數遠遠多於西漢。可見，在漢代，不僅災情多，而且發災的頻度高得驚人。[23]

據統計，《漢書》記載西漢江南發生水災四次，《後漢書》記載東漢江南發生水災七次，淫雨霖雨十次。[24]

從文獻資料來看，直接記載豫章郡發生的自然災害的種類、次數甚少，至於其危害記述亦少，總共只有兩次：

山崩一次。據《後漢書·安帝紀》載：「六月壬辰，豫章、員谿、原山崩。」《後漢書·五行志四·山崩條》亦載：「六年六月壬辰，豫章員溪原山崩，各六十三所。」這次山崩很可能是地震引發的，但是史書沒有記載地震，也沒有記載大雨。災害面大，有六十三所受災。

蝗災一次。據《後漢書·五行志三·蝗條》記載：「和帝永元四年，蝗。」臣昭案：本紀光武建武六年詔稱「往歲水旱蝗蟲為災。」《古今注》曰：「建武二十二年三月，京師、郡國十九

---

23 溫樂平：《漢代自然災害與政府的救災舉措》，《江西師範大學學報》二〇〇一年第五期。

24 黃今言主編：《秦漢江南經濟述略》，江西人民出版社一九九九年版，第33頁。

蝗。二十三年，京師、郡國十八大蝗，旱，草木盡。二十八年三月，郡國八十蝗。二十九年四月，武威、酒泉、清河、京兆、魏郡、弘農蝗。三十年六月，郡國十二大蝗。三十一年，郡國大蝗。中元元年三月，郡國十六大蝗。永平四年十二月，酒泉大蝗，從塞外入。」謝承《後漢書》曰：「永平十五年，蝗起泰山，彌行兗、豫。」[25]又謝沈《後漢書》云：「鐘離意諫起北宮，表云：『未數年，豫章遭蝗，谷不收，民飢死，縣數千百人。』」[26]由此可見，東漢時期蝗災次數特別多，間隔時間短，災害播及面廣，及至長江以南的豫章郡遭受嚴重的蝗災，造成穀物不收，百姓飢死數千百人。

當然，發生在豫章郡內的自然災害絕對不止兩次，有材料表明，一些普通疾疫災害也是時有發生。如《後漢書・欒巴傳》記載：欒巴「遷豫章太守。郡土多山川鬼怪，小人常破貲產以祈禱。巴素有道術，能役鬼神，乃悉毀壞房祀，剪理奸巫，房謂為房堂而祀者。於是妖異自消。百姓始頗為懼，終皆安之。」注引《神仙傳》曰「時廬山廟有神，於帳中與人言語，飲酒投杯，能令宮亭湖中分風，船行者舉帆相逢。巴未到十數日，廟中神不復作聲。郡中常患黃父鬼為百姓害，巴到，皆不知所在，郡內無復疾疫」也。這段材料雖不直接，但似可說明這樣一個事實：豫章

25　周天游輯註：《八家後漢書輯注》，上海古籍出版社一九八六年版，第6頁。

26　周天游輯註：《八家後漢書輯注》，上海古籍出版社一九八六年版，第607頁。

郡內災害、疾疫常見，才會有巫神作祟、迷信神靈現象的盛行。

值得注意的是，以上自然災害都是發生在東漢時期，而西漢二百餘年中卻無自然災害記錄。究其原因，主要有三點：一是西漢時期豫章郡除以彭蠡湖一帶農業生產稍微發展外，贛中部、南部地區農業生產技術比較落後，加上「地廣人稀」，所以朝廷不太重視這塊土地上的農業生產與自然災害問題，根本無從談起記錄災害事件。二是東漢時期豫章郡地區農業生產技術有所進步，推廣牛耕，人口增長，國家開始重視這個曾被忽視的領地，所以在記錄行政事務時也會記錄災害事件。三是東漢時期讖緯神學發展，儒學神學化，天人感應、天象示警統治思想影響著統治者和知識分子，所以，在記錄中原地區災害時也會帶上江南豫章郡的一筆。從這個角度上講，江西僅是東漢時期才更受到上層統治者的重視，西漢時期中央朝廷還是把這裡視為蠻夷荒服之地，偶爾會把江南作為山東、中原災民的轉移地。東漢時，豫章郡的經濟地位有較大提高，朝廷曾連續二次調撥豫章等郡租米賑濟北方災區。

由於自然災害造成的人畜傷亡、經濟凋敝，嚴重影響著國家財政收入和統治秩序，兩漢政府十分重視災害的防治和賑濟工作，採取的措施主要有：

（1）賑濟醫藥，撫卹死傷者

秦漢時期，江西的煙瘴之氣比較濃，疾疫較為常見，這從上述史料中也反映出來了。但是，缺乏史書直接記載國家與地方政府賑濟災民的記錄，只能從相關資料中透視這一現象。如《後漢書·鐘離意傳》記載：建武十四年，「會稽大疫，死者萬數」，

鐘離意私下悄悄撫卹災民，經營濟給，「所部多蒙全濟」。《後漢書・安帝紀》記載：會稽大疫，安帝「遣光祿大夫將太醫循行疾病，賜棺木，除田租、口賦」。又《後漢書・桓帝紀》記桓帝時頒布的一份詔書，曰：「其有家屬而貧無以葬者，給直，人三千，喪主布三匹。若無親屬，可於官壖地葬之，表識姓名，為設祠祭。又徒在作部，疾病致醫藥，死亡厚埋藏。民有不能自振及流移者，稟谷如科。」漢政府除「致醫藥」以外，還通過賜葬錢、棺木等來撫卹死傷者，甚至允許野屍埋葬於官府的「壖地」[27]。

（2）賑濟衣食、種子、犂牛、耕具等

賑濟糧食，這是漢代最常見的一種賑濟災民方式。西漢文帝后元六年（前 158 年），因發生旱蝗災，官府立即「發倉庾以振民」[28]。武帝時，派汲黯視察河內災情，汲黯便「持節發河南倉粟以振貧民」[29]。東漢時，水災、旱災、風災、冰雹等災害接連發生，飢民遍野，政府亦曾發倉儲之糧以賑貧民。如史載：明帝永平十八年（75 年），詔「其以見谷賑給貧人」[30]。安帝延光元年（122 年），水災、地震頻發，災情十分嚴重，安帝詔：「其壞敗廬舍，失亡谷食，粟，人三斛」[31]。即對失去家園、缺少糧食

27　《後漢書》卷七《桓帝紀》。
28　《漢書》卷四《文帝紀》。
29　《史記》卷一二〇《汲黯傳》。
30　《後漢書》卷三《章帝紀》。
31　《後漢書》卷五《安帝紀》。

的災民賜與粟糧，每人三斛。此外，還有直接為飢民提供粥食的救濟法。興平元年（194 年）大災之後，獻帝「使待御史侯汶出太倉米豆，為飢人作糜粥」[32]。為飢民煮糜粥，雖救濟災民的數量、程度有限，但這仍然體現了政府救災重民的思想。

同時，為了幫忙災民儘快恢復生產自救，大量賑貸種子、耕牛、犁具等。對於災後喪失了基本生產資料的災民，漢政府則賑貸種子、耕牛和農具等，以助其恢復生產。據史載，西漢始元二年（前 85 年），因連年災患，昭帝則「遣使者振貸貧民毋種、食者」[33]。東漢和帝永元十二年（100 年），詔「貸被災諸郡民種糧」[34]。倘若貧民無法償還，其假貸則多有減免。如昭帝始元二年（前 85 年），詔曰：「所振貸種、食勿收責」[35]。成帝鴻嘉四年（前 17 年），也責令「逋貸未入，皆勿收」[36]。永元十三年（101 年），因荊州發生水災詔令「貧民假種食，皆勿收責」[37]。同時，漢政府為了保證災民不誤農時，也幫助貧民租用耕牛、犁、農具等。如《漢書・和帝紀》亦載：永元十六年（104 年），詔曰：「貧民無以耕者，為雇犁牛直。」漢政府通過稟貸種子、減免災民債務、借給犁牛農具等，為災民提供了基本的生活、生產資料，提高災民生產自救力，減輕國家負擔，有利於社會穩

32　《後漢書》卷九《獻帝紀》。
33　《漢書》卷七《昭帝紀》。
34　《後漢書》卷四《和帝紀》。
35　《漢書》卷七《昭帝紀》。
36　《漢書》卷《成帝紀》。

37　《後漢書》卷四《和帝紀》。

定。至於冬天，還賑賜衣服給災民避寒。西漢元帝初元二年（前47年），因關東大饑荒，元帝詔：「開府庫振救，賜寒者衣」[38]。

（3）組織人員捕蝗治蟲災。

對於蝗、螟等害蟲的治理措施，主要有兩種：一是官府懸賞捕蝗。最原始、最簡易的方法就是人工捕殺，包括撲打、捕捉、燒殺和餌誘等方法。《呂氏春秋・不屈篇》記載了人工捕殺打蝗、螟害蟲：「蝗、螟，農夫得而殺之。」西漢晚期，平帝時曾經頒佈懸賞令，對捕殺蝗蟲者以石觴（即斛）計算分別賜與賞錢。二是挖溝埋蝗。王充在《論衡・順鼓篇》中說：「蝗蟲時生，或飛或集，所集之地，穀草枯索。吏率部民塹道作坎，榜驅內於塹坎，杷蝗積聚以千斛數，正攻蝗之身。」詳細描述了蝗蟲的之危害以及吏官一起「塹道作坎」以填埋蝗蟲。

（4）蠲免田租、假民公田、賜民公田等

水旱相因，五穀不收，民不聊生，漢統治者注意到減輕災民的租賦負擔。文帝前元十二年（前168年），因黃河決口成災，詔曰：「賜農民今年租稅之半。」[39]宣帝本始三年（前71年）發生大旱，令「民毋出租賦」。元康二年（前64年），「其令郡國被災甚者，毋出今年租賦」[40]。元帝初元元年（前48年），「其令郡國被災害甚者毋出租賦」[41]。東漢時，亦如此，如和帝永元

38 《漢書》卷九《元帝紀》。
39 《漢書》卷四《文帝紀》。
40 《漢書》卷八《宣帝紀》。
41 《漢書》卷九《元帝紀》。

四年（92 年）、九年（97 年），多次下達詔令，「今年郡國秋稼
為旱蝗所傷，其什四以上勿收田租、芻稿；有不滿者，以實除
之」[42]。「今年秋稼為蝗蟲所傷，皆勿收租、更、芻稿；若有所
損失，以實除之，余當收租者亦半入」[43]。安帝永初七年（113
年），詔「郡國被蝗傷稼十五以上，勿收今年田租；不滿者，以
實除之」[44]。這些減免租賦政策，有利於減輕災民的負擔，促進
災區發展生產。

漢政權還採取「假民公田」或「賦民公田」等措施，以安置
災民，解決災民的生計問題。如西漢元帝初元元年（前 48 年），
詔令「江海陂湖園池屬少府者以假貧民，勿租賦」[45]。東漢和帝
永元九年（97 年），令「其山林饒利、陂池漁采，以贍元元，勿
收假稅」；十一年（99 年），又「令得漁采山林池澤，不收假
稅」[46]。政府為了賑稟災民將山林沼澤、江河海湖、陂池和公田
等借給貧民，不收假稅。一方面為災民提供了必要的生產資料，
解決災民的生計問題，消除了社會動盪的因素；另一方面將大量
的公有荒地轉化為耕田，增加了農田面積和國家田租收入。

（5）對霜寒災害的預測與防治

江西地處亞熱帶暖濕氣候，動植物都是喜暖厭寒，倘若一旦

42　《後漢書》卷四《和帝紀》。
43　《後漢書》卷四《和帝紀》。
44　《後漢書》卷五《安帝紀》。
45　《漢書》卷九《元帝紀》。
46　《後漢書》卷四《和帝紀》。

發生較大霜凍雪災，必然傷及農作物而影響產量，因此對霜凍雪
災的預測與防治是相當重要的。漢代，人們已經掌握了粗淺的天
氣氣象預測知識，注意對霜寒災害的預測與防治。《論衡・寒溫》
說：

民間占寒溫，今日寒而明日溫；朝有繁霜，夕有列光；旦雨
氣溫，旦暘氣寒。

這種預測是比較科學的。今天寒冷，明天將溫暖；朝晨有厚
霜，傍晚將見到暖和的陽光；夜間下雨，因雲層較低與輻射降溫
少，則溫度較高；若是夜間無雲，輻射降溫多，所以天氣較為寒
冷。《齊民要術》中說：「天雨新晴，北風寒切，是夜必霜。」
這就說明了古人已經掌握了霜凍的發生規律。

為此，漢人採取各種辦法預防霜寒災害。《氾勝之書》記載
了人工預防霜害防露害的方法：

稙禾，夏至後八十九十日，常夜半候之，天有霜若白露下，
以平明時，令兩人持長索相對，各持一端，以槩禾中，去霜露，
日出乃止。如此，禾稼五穀不傷矣。

黍心初生，畏天露。令兩人對持長索，搜去其露，日出乃
止。

由此說明，漢人在實踐中總結出來的防治霜露傷稼辦法，保
護了農作物的正常生長。對於其減輕霜露災害的原理，梁家勉認

為「可能是因為趕霜使禾的植株擺動，空氣流動上下溫度交換，處於穗部的最低臨界位置發生變動；霜被趕掉後，太陽出來溫度回升時，不需要吸收更多的熱量溶化霜，穗部溫度不致再次降低。」[47]《齊民要術》還記載了果樹熏煙防霜凍的方法；

> 凡五果，花盛時遭霜，則無子。常預於園中，往往貯惡草生糞。天雨新晴，北風寒切，是夜必霜。此時放火作熅，少得煙氣，則免於霜矣。

為了防止果木的幼苗在寒冷的冬天受到傷害，《齊民要術》又提出草裹、埋土等系列措施。不管是熅煙防霜雪法，還是草裹、埋土等方法，至今在江西的南豐、贛南果業中經常使用。

2. 對生態環境的認識與利用

秦漢時期，人們對生態環境有一定程度的認識，掌握了一些利用自然資源、環境的相關知識與基本技能，並且具有保護生態環境的生態意識。

（1）防治「卑濕」

江南地勢低下，比較潮濕，則防治「卑濕」是江南地區特有的環保措施。《史記・貨殖列傳》記載「江南卑濕，丈夫早夭」。

---

47 梁家勉主編：《中國農業科學技術史稿》第 202 頁，農業出版社一九八九年版。

《史記‧袁盎晁錯列傳》說「南方卑濕」[48]。世人都恐懼到南方來，如《史記‧屈原賈生列傳》說：「賈生既辭往行，聞長沙卑濕，自以壽不得長，又以適去，意不自得。及渡湘水，為賦以吊屈原。」結果賈誼也真的英年早逝在長沙。可見，南方「卑濕」環境對人體健康、壽命危害之大。為了防治「卑濕」，主要採取以下幾種方式：[49]

其一，「編木為城」防治卑濕。《後漢書‧陳球傳》記載：「太尉楊秉表球為零陵太守。球到，設方略，期月間，賊虜消散。而州兵朱蓋等反，與桂陽賊胡蘭數萬人轉攻零陵。零陵下濕，編木為城，不可守備，郡中惶恐。」這裡雖是說桂陽地區，但江西與桂陽均屬於南方卑濕區域，「編木為城」應是通例。

其二，木炭除濕。據考古發現，江西境內一些漢墓中出土了木炭，明顯是用於除濕的。在漢代南方的墓葬中往往發現有大量的木炭，例如長沙馬王堆一號漢墓發掘出一萬多斤木炭，正因木炭的除濕功效，使馬王堆能夠保存至今。

其三，選擇向陽的地方建築房子或修建墓室。江西越族人居住方式，選擇陽光充足環境，建造干闌式房屋，達到防潮防濕防蟲害功效。一九七九年江西貴溪發掘的崖洞墓，崖洞向陽、通風

---

48 還有《史記》卷一一三《南越列傳》《史記》卷一一八《淮南衡山列傳淮南衡山列傳》，《漢書》卷四四《淮南厲王劉長傳》，《漢書》卷四九《爰盎傳》，《漢書》卷九五《南粵傳》等傳中都提到「南方卑濕」。

49 參見黃今言主編《秦漢江南經濟述略》，江西人民出版社一九九九年版，第 61-62 頁。

可以防潮，因而墓葬得以保存至今。[50]

（2）對土地資源的認識與利用

漢人認識到土地是萬物生長之必要條件。《論衡・道虛》云：「草木之生以土為氣矣。拔草木之根，使之離土，則枯而早死」。同時認為，不同性質的土壤適宜不同農作物的生長。如《淮南子・地形訓》在記述五方之土不同物產時說：

東方……其地宜麥，多虎豹，南方……其地宜稻，多兕象；西方……其地宜黍，多旄犀。北方……其地宜菽，多犬馬。中央……其地宜禾，多牛馬及六畜。

汾水濛濁而宜麻，沸水通和而宜麥，河水中濁而宜菽，洛水輕利而宜禾，渭水多力而宜黍，漢水重安而宜竹。江水肥仁而宜稻，平土之人慧而好五穀。

類似記載在漢代文獻中多有涉及。由此而知，秦漢時期因地制宜種植不同的農作物，已是全國各地農人的生產常識。在此基

---

50 劉詩中、許智范、程應林的《貴溪莊墓所反映的武夷山地區古越族的族俗及文化特徵》（《江西 歷史文物》1980 年第 4 期），陳文華的《幾何印紋陶與古越族人的蛇圖騰崇拜》（《考古與文物》1981 年第 2 期），劉詩中的《從崖葬資料談武夷山地區古越入的補會風俗》（《江西歷史文物》1981 年第 2 期），許智 范的《談古越族的圖騰崇拜》（《江西文物》1991 年第 1 期），陳明芳的《也談閩、贛、川、黔地區懸棺葬的幾 個問題的比較研究》（《江西文物》1991 年第 1 期），陳文華、陳榮華主編的《江西通史》（江西人民出版社 1999 年版，第 84-86 頁）。

礎上，人們還就如何認識、利用乃至改良土壤問題作過具體、縝密的闡述，對漢代農業經濟的發展起了很好的促進作用。東漢時期江西糧食生產之所以比西漢時期明顯發展，無疑與大一統環境下，江西農人受中原先進文化影響、生產意識進步密切相關。

（3）對水資源的認識與利用

從《漢書‧地理志》《水經注》等文獻資源來看，秦漢時期生活在江西的先民已經認識到當地具有獨特豐富的水資源，並且加以充分利用。這主要體現在以下幾個方面：

一是興修水利，發展農業生產。江西是水稻種植區，修建水利設施以充分灌溉農田顯得十分重要。但是，史書對此記載頗少，只在《水經注‧贛水》中留下過「漢永元中，太守張躬築塘以通南路，兼遏此水。冬夏不增減」的記載。

二是發展漁業。江南地區水資源富足，素有「飯稻羹魚」[51]之稱。秦漢時期，江西農作物種植業還不發達，干越族人過著漁獵為主的生活，水中有捕不盡的魚，山中有采不完的果實，基本可以滿足日常生活需求。所以《漢書‧地理志》說：「江南地廣，或火耕火耨。民食魚稻，以漁獵山伐為業，果蓏蠃蛤，食物常足。故呰窳偷生，而亡積聚，飲食還給，不憂凍餓，亦亡千金之家。」《水經注‧贛水》稱張躬所築堤塘「水至清深，魚甚肥美」。《輿地紀勝》引雷次宗《豫章記》亦曰「水清至潔，而眾鱗肥美」。可見，江西地區已開發人工養殖漁業。

---

51 《史記》卷一二九《貨殖列傳》。

三是發展造船業。《水經注・贛水》記載：「贛水又徑谷鹿洲，即蓼子洲也，舊作大艑處。」唐代虞世南《北堂書鈔》曰：「豫章城西南有舸艫洲，去度支步可二里，是吳呂蒙襲關羽造舸艫艦於此。」舸艫洲，就是蓼子洲，「在城西一里，二洲相併，水自中流入章江。有民居數百家。」據許懷林考證，鄱陽湖、贛江流域的尋陽、餘汗、鄱陽「是重要的造船基地」[52]。

四是充分利用地下水資源。從文獻與考古資料來看，中國可能是最早認識和利用地下水的國家。在浙江餘姚河姆渡遺址中，發現了我國迄今最早的水井遺跡，在龍山文化的一些村落遺址中也發現了水井遺跡。盛弘之的《荊州記》載有一個古老傳說：「父老相傳云：神農所生地中有九井，神農既育，九井自穿。」《爾雅・釋水篇》還列舉出多種類型泉水，如濫泉、沃泉、沃泉等等。

諸多記載表明，利用地下水煮鹽、飲用，利用溫泉水種植農作物、治療疾病，已是秦漢時人的共識。酈道元《水經注》記載：「漢獻帝初平二年，吳長沙桓王立廬陵郡，治此。豫章水又徑其郡南，城中有井，其水色半清半黃，黃者如灰汁，取作飲粥，悉皆金色，而甚芬香。」在津步「有洪井，飛流懸注，其深無底，舊說洪崖先生之井也」。江西地下水資源蘊藏豐富，廬山、宜春、吉安、高安、贛州等地都有溫泉，其中廬山的溫泉最為著名，明代李時珍在《本草綱目》中指出：「廬山溫泉有四

52　參見許懷林：《江西史稿》，江西高校出版社一九九三年版，第59頁。

孔，四季皆溫暖。……方士每教患有疥癬、瘋癲、楊梅瘡者飲食入池，久浴後出汗，以旬日自癒也。」

（4）保護動植物資源

先秦時，人們就有保護動物植物資源的思想，政府也頒布時禁法令，禁止過度採伐漁獵。如《管子・八觀》：「山林雖近，草木雖美，宮室必有度，禁發必有時。」《禮記・祭義》：「曾子曰：樹木以時伐焉，禽獸以時殺焉。夫子曰：『斷一樹，殺一獸，不以其時，非孝也。』」《禮記・月令》：孟春之月「禁止伐木」。戰國時，《孟子・梁惠王上》：「斧斤以時入山林，材木不可勝用也。」《荀子・王制》：「斬伐養長不失其時，故山林不童而百姓有餘材也。……養山林藪澤草木魚鱉百索，以時禁發，使國家足用而財物不屈。」

至秦代，《呂氏春秋》中各紀詳細地記載了氣候、物候、時禁等內容，如《孟春紀・孟春》云：「東風解凍，蟄蟲始振，魚上冰，獺祭魚。候雁北。……禁止伐木，無覆巢，無殺孩蟲胎夭飛鳥，無麛無卵」。這些生態思想為漢代《淮南子》所繼承並發展。《淮南子・時則訓》對不同月份的不同氣候、物候、時禁等情況的記述，不僅僅說明漢人對氣候、物候的深刻認識，更重要的是反映了漢人已能利用對氣候、物候的認識來確定「時禁」，以合理利用和保護生態環境。

考古發掘資料印證了文獻記載。在湖南長沙子彈庫楚帛書《月令》、湖北睡虎地雲夢秦簡《日書》與《田律》、放馬灘秦簡《日書》、山東銀雀山漢簡《陰陽時令占侯之書》、內蒙古自治區額濟納旗境內居延漢簡、甘肅敦煌漢代懸泉漢簡等帛書簡牘材料

中，均有大量專記月令且與時禁相關的內容，從中可以看出當時人們重視時禁的環保意識。

第二節 ▶ 人口狀況

在生產力發展水平有限的古代社會，人口是一個國家或地區社會經濟發展與否的風向標，「人丁興旺」折射出來的是經濟繁榮，而「人口銳減」則往往反映了經濟的衰敗。因而在探討經濟問題時有必要先梳理一下人口狀況。

秦漢是中國歷史上最早留下官方人口統計數字的時期，雖然只有西漢平帝元始二年（2 年）和東漢順帝永和五年（140 年）留下了各郡國的人口數字，且統計不夠準確，僅限於國家掌握的在籍人口，許多少數民族人口和官僚、貴族、地主、商人的依附人口沒有統計在內，但畢竟為後人瞭解當時人口的大致狀況提供了至為珍貴的原始材料。

一 人口的民族構成

自秦並六國和北逐匈奴、南征百越後，中國就成為一個統一的多民族國家，以漢族為主體的各民族之間，通過戰爭、交流不斷融合。北方的匈奴，東北的烏桓、鮮卑、高句麗、夫余、肅慎等部族，西北的西域諸族，西部的羌族，西南的蠻、夷，南方與東南的百越，都活躍在中國的歷史舞台上。他們與漢族政權的關係，總體趨勢是逐漸內化。而當時的江西地區便處在南方越族內化的一個交通口上。

先秦時期，江西居民屬於南方概稱的「百越」系統之一，可能干越是其主體，贛東北的余汗是其活動中心。華夏族是否染指江西，只能從吳楚爭奪番邑、吳太子慶忌居艾的點滴記載，以及澹台滅明南遊楚地、定居南昌等傳說中去推測了。秦統一後，特別是漢初設置豫章郡後，江西居民的民族構成逐漸明晰。大體而言，當時的江西地區，民族構成並不複雜，主要是漢族和越族，今蓮花和安福西部時屬長沙，可能還有蠻族。

　　漢族是中國的主體民族，由先秦時代的華夏族和周邊少數民族長期融合而逐漸形成。古代一般用國號稱其國民，所謂夏人、殷人、周人。至秦漢時期，中國的主體民族經過短暫的「秦人」稱呼後，始稱「漢人」。以後雖然還有晉人、唐人、宋人等明顯帶有時代特徵的稱呼，但作為主體民族——漢族的稱謂一直沿用至今。秦統一後，在江西設縣管理，並大規模用兵百越、移民南方，漢族逐漸進入越族區域，並以其經濟、政治、文化的優勢同化土著居民。漢初豫章郡設立後，縣級政治中心深入贛南，漢族在江西的主體地位開始形成。兩漢文獻中記載了不少籍貫豫章的漢姓人物，如吳芮、李淑、何湯、程增、唐檀、徐稚、嚴豐、羊茂、黃向、劉陵、鄧通、宋度、張冀、項誦等，考古材料中也發現黃、袁等姓氏，[53]說明兩漢江西境內已有很多漢族人口。值得注意的是，在《三國志・吳書》中，記載了大量東漢末年鄱贛地

53　梁洪生：《考古材料中的唐以前江西姓氏考察》，《江西文物》一九九一年第二期。

區的強宗大族，如洪明、洪進、苑御、吳免、華當、吳五、鄒臨、尤突、彭綺、吳遽、彭虎、董嗣等，這些被稱為「宗帥」的人，顯然都是擁有一定經濟實力的漢族地主或已經漢化了的越族首領，而他們的湧現正是兩漢時期江西地區由邊緣走向內地的結果。

除漢族外，江西地區還散居著一定數量的少數民族，其中主要的仍然是越族。越族之所以被稱為「百越」，是因為他們族屬、種群眾多，成分複雜，分布廣泛，「揚、漢之南，百越之際，敝凱諸、夫風、余靡之地，縛婁、陽禺、驩兜之國」[54]，所謂「自交趾至會稽七八千里，百越雜處，各有種姓」[55]。因此，百越並非單一民族而是民族和部落的集群，這是當今學者的共識。秦漢時期，江西境內的越族主要分佈在與今浙、閩、粵接壤的贛東北、贛東南和贛南地區，當然，其民族屬性不是靜止不變的，而是隨著秦漢王朝對南方控制力的強化，不斷融入漢族社會。這個融合過程漫長而曲折，經過了強權的壓服、戰爭的洗禮。

秦並天下之初，江西納入帝國版圖，成為秦朝征服百越密集居住區南越、閩越的前沿。這場動用五十萬大軍、歷經四五年之久的征戰，以犧牲無數漢、越軍民的生命為代價，換來了秦朝領土的擴張和百越的「臣服」。通過這次大規模用兵，江西境內的

54　《呂氏春秋‧恃君》。
55　《漢書》卷二八下《地理志》注引臣瓚曰。

幾個越人活動區也被秦朝的軍事據點，如余汗、南壄所控制。秦朝勢力的深入，打破了越民原有的社會秩序，他們被迫接受統治，接納來自中原的移民，同時為秦統治者提供人力資源。[56]應該說，這種征服雖然有別於野蠻屠殺，隨後展開的政區建設、「以謫遣戍」，特別是秦始皇准許秦將趙佗請求，特批一萬五千名未婚女子移居南越[57]，都表明秦朝要開發這裡，對越族擺脫荒蠻狀態融入文明社會具有積極意義。但是，越族民眾並不認同這種入侵的方式。所以，當陳勝、吳廣揭竿起義時，嶺南的越民會擁護趙佗南越國的獨立，而閩贛的越人則追隨反秦的番君吳芮。

　　漢初的江西發生了很大的變化，豫章十八縣的設置表明這裡的政區建設已初具規模，同時表明土著居民部分接受了漢朝的統治。這一格局的形成自然與劉邦對南方各族的羈縻政策有關，如承認南越國現狀、冊封東越首領無諸為閩越王等，但番君吳芮的影響也是毋庸置疑的。吳芮很可能具有的原吳國血統和他個人的德才修養，使他「甚得江湖間民心」，在越族民眾中享有崇高威望，以致於「番君」成為越民心目中的精神領袖，「番」亦成為當地越族的代名詞。因而，吳芮接受長沙王封號，對漢朝忠心耿耿，越人也擁護漢朝，冀望漢越和睦相處、繁榮興旺。

　　一九七一年秋，地處皖浙贛三省交界處的江西省婺源縣東北

56　參見何光岳：《百越源流史》，江西教育出版社一九八九年版。

57　《史記》卷一一八《淮南衡山列傳》載伍被言稱，趙倫率軍屯戍嶺南後，「使人上書，求女無夫家 者三萬人，以為士卒衣補。秦皇帝可其萬五千人」。

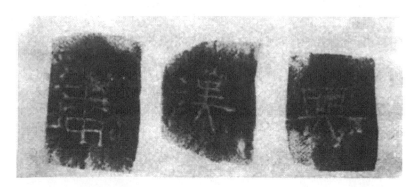

圖 3-2　「番漢興」銅洗銘文拓片

隅，出土一件陶罐，罐內滿貯漢五銖錢，罐上覆蓋著一件銅洗。經鑑定陶罐為西漢早期之物，五銖錢均鏽蝕嚴重，此銅洗直徑二十釐米，高十二釐米，侈口，束頸，鼓腹，圜底，腹部略有殘損，口沿刻「番漢興」三字，字跡古拙端莊、纖秀流暢。[58]

「番漢興」銅洗的出土，為探討當年漢越關係提供了直接的證據。

然而，西漢前期，東越、閩越和南越幾個王國皆處於相對獨立的狀態，他們雖然表面上「願奉明詔，長為藩臣，奉貢職」，但對漢朝來說，能夠「毋為南邊患害」就可以了。事實上這一點也很難做到。這種意圖長期游離於漢朝管轄之外的狀況，對百越的歸化是不利的。而東越、閩越、南越如此，與其族系相同的江西境內的越族無疑也會受到影響。漢武帝南平百越之前，淮南王

58　楊浩、查冠久：《「番漢興「洗漢越民族關係的歷史見證》，《南方文物》一九九六年第一期。

劉安曾上書稱：

　　前時南海王反，陛下先臣（指其父劉長）使將軍間（應為
「簡」，見師古注）忌將兵擊之，以其軍降，處之上淦。後復
反，會天暑多雨，樓船卒水居擊棹，未戰而疾死者過半。[59]

　　南海王即高祖十一年（前196年）所封越王族裔織，轄境大
約在今閩西、閩南和贛東南一帶。[60]上淦，王先謙據《太平寰宇
記》和《清一統志》考稱，玉山縣東五里有上干溪水，「干、淦
聲近，或今之上干溪與」[61]。若此說成立，則位於贛東的上淦一
帶應是越人故地，織之「復反」自然得到當地越人的支持，可見
漢朝對這裡的統治存在很大的漏洞。而從豫章十八縣的分布來
看，余汗以東以南大片地區空無一縣（贛境其他地區類似空隙也
很多），以余汗一縣之控制力是遠遠達不到的。何況余汗、鄱陽
本來就是越族故鄉，且在西漢前期余汗可能還一度是閩越的勢力
範圍。如劉安上書中復稱：

59　《漢書》卷六四上《嚴助傳》。
60　漢高祖封織為南海王，實際上徒具其名，因為南向是趙倫南越國的領
　　地。故文穎曰了象郡、桂林、南悔屈尉倫，倫未降，遙虛奪以封芮
　　耳。後倫降漢，十一年，更立倫為南越王，自此王三郡今復封織為南
　　向王，復遙奪倫一郡，織未得王之。「見《漢書》卷六四上《嚴助傳》
　　注引。
61　〔清〕王先謙：《漢書補註》，中華書局一九八三年影印本，第1255
　　頁。

越人欲為變，必先田余干界中，積食糧，乃入伐材治船。邊城守候誠謹，越人有入伐材者，輒收捕，焚其積聚，雖有百越，奈邊城何！[62]

所謂「田余干界中積食糧」，應是組織余汗縣境的土著居民生產並向其徵集糧食。所以，後來漢軍平定閩越時，今鄱陽白沙、武林和余幹一帶成為漢越爭奪的激烈戰場。這說明贛境內的很多越族居民雖在漢朝郡縣的管轄範圍之內，卻游離於其控制能力之外，既未被同化，更未成為漢之編戶。直至南越、閩越被滅，閩越部眾隨東越之後內遷江淮，百越之地完全納入西漢郡縣系統，這種情況才逐步改變。

兩越被平定後，一個顯著的變化是百越族的分化。分布於東南地區的閩越、東越包括今江西境內的越族加速了與漢族的同化，而原屬南越國境的南越、西甌（西越）及駱越則逐漸與南蠻、西南夷不分了。至東漢，「百越」、「南越」、「閩越」等稱謂就不復存在了，僅在交趾、九真（皆在今越南境內）及荊州南郡（治今湖北江陵）等郡仍有關於「越人」或「駱越」的記載。[63]

62　《漢書》卷六四上《嚴助傳》。

63　見《後漢書》卷二六《馬援傳》、卷七六《任延傳》。另《後漢書》卷一八《臧宮傳》：「（建武）十一年，將兵至中廬，屯駱越……宮陳兵大會，擊牛釃酒，饗賜慰納之，越人由是遂安。」李賢曰：「中廬，縣名，屬南郡，故城在今襄州襄陽縣南。蓋駱越徙於此，因以為名。」駱越徙於南郡當是武帝平南越後。至東漢初一度趁亂叛漢，但很快被臧宮平定，並「由是遂安」。此後這裡再未見有關於越人的記

所以，《後漢書》有「南蠻西南夷列傳」而無南越、閩越傳。

百越之所以出現分化，究其原因，主要在於閩越、東越原是吳、越之地，受中原文化影響較深，秦漢之際其首領無諸、搖追隨吳芮參加反秦戰爭，以及幫助劉邦戰勝項羽，都能說明這一點。其稱王、立國也是因功接受漢朝的冊封，與南越王趙佗因畏漢而被迫接受冊封性質不同。所以，這裡同內地的經濟、文化聯繫更密切，與漢族同化的阻力較小。而嶺南越族則不然，秦統一前，基本處於荒蠻狀態，秦始皇征服百越後，雖曾大規模「以謫徙民，與越雜處十三歲」[64]，又接納趙佗請求，遷徙一萬五千名未婚女子隨南戍將士生活，使他們紮根於嶺南，旨在同化土著越人。然而，隨著秦朝的滅亡、南越國的建立，隔絕了嶺南與內地的聯繫。漢初雖行羈縻政策，與南越通使往來，但漢朝既防南越強大，南越更懼漢朝吞併，兩相猜忌，磕磕碰碰，關係時好時壞。因此，漢、越交流障礙重重，時過境遷，不僅越族未得內化，反而秦人後裔逐漸本地化了。再則，趙氏集團對南越國內越人的治理，採取的也是羈縻政策，對其上層人物儘力籠絡，利用他們統治越民。如漢、越關係緊張時，「（趙）佗因此以兵威邊，財物賂遺閩越、西甌、駱（越），役屬焉」[65]。又如趙佗曾對漢使曰：「且南方卑濕，蠻夷中間，其東閩越千人眾號稱王，其西

載。
64　《史記》卷一一三《南越列傳》。
65　《史記》卷一一三《南越列傳》。

甌駱裸國亦稱王。」**66**可見西甌、駱越等部族雖在秦人（漢族人）建立的南越國內，但保持著相對的獨立性，猶如南越國與漢朝的關係。這使土著越人難以擺脫原來生活而融入南越國社會。

因此，漢武帝平定兩越後，因地制宜，把閩越遷往江淮，使其地為之一空；而對嶺南番禺以西諸越採取了與南蠻、西南夷相似的特殊政策，如：

《漢書・食貨志》：「漢連出兵三歲，誅羌，滅兩粵，番禺以西至蜀南者置初郡十七，且以其故俗治，無賦稅。」

《後漢書・循吏列傳》：「先是含洭、湞陽、曲江三縣，越之故地，武帝平之，內屬桂陽。民居深山，濱溪谷，習其風土，不出田租。」

〔清〕梁廷楠《南越五主傳》：「漢之平南越，仍其舊俗，不徵賦稅。」

然而，東漢時期，隨著中央王朝對西南、中南蠻夷地區控制力的加強，以及因豪強田莊經濟發展、國家編戶減少而導致財政危機的加深，逐步取消了蠻夷等族「不出王租」或賦稅輕簡的優惠政策，開始徵收並加重賦斂。如永和元年（136 年），順帝採納武陵太守的建議，「以蠻夷率服，可比漢人，增其租賦」**67**。

66　《史記》卷一一三《南越列傳》。
67　《後漢書》卷八六《南蠻西南夷列傳》。

此後，所謂「郡縣徭稅失平」、「郡收稅不均」、「郡縣賦斂煩數」充溢著西南、中南地區[68]，引起蠻夷民眾的強烈不滿，各種暴動事件此起彼伏。[69]

與南越、西甌、駱越融入蠻夷不同，閩越、東越和今江西境內越人基本接受了漢朝的直接統治，成為國家編戶。雖然仍有相當部分越民躲入深山密林，繼續過著「不納王租」、置身化外的生活，但這種「不納王租」是郡縣控制能力有限的結果，與國家政策毫無關係。所以，當西南夷、南蠻因「賦斂煩數」而頻頻暴動時，東南地區顯得相對平靜。這裡的土著越人正是在這種安定的社會環境裡，以和平、漸進的方式融入主體社會。東漢豫章郡增設八縣及永和年間豫章人口激增，正好反映了這一情況。同時，在漢、越民族加速同化的過程中，豪族階層也逐漸形成。

東漢末年，中央失控，大小軍閥林立，爭地盤、奪人口的戰火由中原蔓延四方，豫章郡亦成為各股勢力搶占的對象。在逐鹿中獲勝的孫吳集團，為了鞏固江東、擴大戰果，急需人員補充，於是把戰略目標指向了國家編外人口——山越，引發山越民眾經久不息的暴動。孫吳集團採取鎮撫結合、剛柔相濟的策略，對山越進行長期鎮撫，迫使山越「強者為兵，羸者補戶」[70]，使最後一批越人成為孫吳政權統治下納稅服役的編戶齊民。

68　《後漢書》卷八六《南蠻西南夷列傳》。
69　參閱黃今言主編·《秦漢江南經濟述略》，江西人民出版社一九九九年版，第 241-244 頁。
70　《三國志》卷五八《吳書·陸遜傳》。

　　孫吳用兵山越，是一種赤裸裸的搜刮、搶奪，但山越出山對其自身發展，尤其是與漢族迅速同化，共同開發江西，都是有意義的。漢末孫吳統治期間，江西人口穩定增長，郡縣數由一郡二十六縣增至三郡三十五縣，三國鼎立後又增至六郡五十八縣，這一狀況與用兵山越、驅使山越民眾編戶化不無關係。

　　總之，秦漢時期，江西人口的民族構成是動態發展的，經過了一個由越族為主到漢族為主，再到漢、越基本融化同一的漫長過程。當然，在深山老林中還有極少數山民居住，過著與世隔絕的生活，這種狀況可能一直持續到近代，但這不是主流。

二　人口數量及其分布

　　秦漢時期，人口的統計數字主要來源於地方郡縣的上計。所謂「上計」，是指每年年終下級向上級，地方向中央上報奉職情況，亦即縣、道將當地的戶口、墾田、賦稅收入等數字及治安狀況上報所屬郡、國，郡、國彙總後再上報中央，中央通過上計掌握各地治理情況，並據此對有關官員做出陞遷或貶黜處理。因此，正常情況下，戶口數字每年會更新一次。秦朝統治時間短暫，沒有留下戶口統計數字，只能作大致推測。一般認為全國人口大約在二千五百萬至三千萬之間，亦有估計二千萬以上或四千萬左右者。[71]

71　葛劍雄主編：《中國人口史》（第一卷），復旦大學出版社二〇〇二年版，第 300-311 頁。

西漢自立國起就十分重視戶籍建設，首任丞相蕭何早在劉邦剛入咸陽時，就以獨特的眼光，「先入收秦丞相御史律令圖書藏之」，使劉邦得以「具知天下厄塞，戶口多少，強弱之處，民所疾苦者」[72]。此後至東漢末，四百多年間，人口歷經興衰演變，有戶口減半、戶口銳減時期，也有人口「極盛」時期，可惜一些能夠反映社會盛衰狀況的人口數據早已淹沒在歷史的長河之中，史籍保留下來包含郡國人口數的只有西漢平帝元始二年（2 年）和東漢順帝永和五年（140 年）的統計數字，但這已是萬幸了。

根據《漢書・地理志》記載，西漢元始二年，全國共有12233062 戶，59594978 口，但根據所列出的各郡國戶口數相加的和卻是 12358470 戶，57671402 口，兩者差距分別為 125408戶和 1923576 口。對此，葛劍雄推測的可能性是：「這多出來的近一百九十三萬人正是沒有列入分郡國統計的特殊人口——官奴婢，或許還有宗室。官奴婢不可能分到各郡國去，即使他們所屬的機構不在京師；而且官奴婢一般不能組成家庭，也不會登入原來的家庭，又不像被扣押的罪犯，絕大多數原來有戶籍。散居在各地的宗室人數既然每年都要向宗正報告，就不能排除他們的戶籍由宗正統一管理，不納入郡國的統計數的可能性。」[73]當然也不排除傳抄錯誤的可能。但為慎重起見，人們一般還是用各郡國數字相加的總和。

72　《史記》卷五三《泊相國世家》。
73　葛劍雄主編：《中國人口史》（第一卷），第 320 頁。

　　漢武帝分全國為十三州（部），豫章被劃在揚州。為了便於比較，這裡主要列出揚州諸郡的戶口數字：豫章戶67462，口351965；盧江戶124383，口457333；九江戶150052，口780525；會稽（北部）戶212239，口982604；會稽（南部）戶10799，口50000；丹揚（即丹陽）戶107541，口405171；六安戶38345，口178616。揚州合計戶710821，口3206213。根據以上戶口數字，參照有關研究成果，列表如下：

表 3-3 西漢元始二年（2 年）揚州各郡國人口密度[74]

郡國名	戶數	口數	戶平均口數	面積（平方公里）	密度（人／平方公里）	縣數	縣平均口數
豫章	67462	351965	5.2	165915	2.12	18	19554
盧江	124383	457333	3.7	36180	12.64	12	38111
九江	150052	780525	5.2	26181	29.81	15	52035
會稽	223038	1032604	4.6	227403	4.54	26	39716
丹陽	107541	405171	3.8	53569	7.56	17	23834
六安	38345	178616	4.7	11907	15.00	5	35723
合計	710821	3206214	4.5	521155	6.15	93	34475

　　從表中數據可以看出，豫章郡在揚州諸郡中土地面積、設縣

74　本表及表 3-5 皆參見葛劍雄主編《中國人口史》（第一卷）第 488 頁和黃今言主編《秦漢江南經濟述略》（江西人民出版社 1999 年版）第 21 頁，數據略有更正。

數量都位列第二，僅次於會稽郡；但戶數、口數、人口密度和縣平均口數皆排在最後，人口密度不及倒數第二的會稽郡的一半，[75]與揚州各郡國平均數六點一五相差甚遠，與全國平均數十四點六六相差更大，處於揚州倒數第一、全國倒數第十。六安國僅轄五縣，其絕對數字小，但人口密度則高達十五點〇〇，因而與其他郡不具比較性。結合縣置分布狀況，豫章人口的分布亦極不平衡，主要集中在縣置較密集的贛中北以北地區，特別是郡治南昌縣。《漢官儀》曰：「萬戶以上為令，萬戶以下為長……荊揚江南七郡，惟有臨湘、南昌、吳三令爾。」[76]參照豫章戶均五點二口，南昌縣萬戶則人口應在五萬二千以上，占全郡人口的七分之一。這說明西漢江西境內特別是偏僻山區，還有相當多的土著居民（主要是越人）尚未納入國家編戶，在籍人口主要是居住在平原地區和郡縣控制範圍內的漢人和漢化了的越人後裔。每戶平均五點二口，略高於揚州平均數四點五口和全國平均數四點七口，與晁錯說的「今一夫挾五口」的自耕農家庭人口數大致相當。

　　東漢保存下來的戶口統計數字比較多，共計十二組，除去順帝「永和中」和桓帝「永壽二年」兩組疑點較大的數字外，還有

75　會稽郡人口主要集中在北部，人口密度達到十四點二七，而面積廣闊的南部只設一個縣，人口密度只有〇點三二，有點類似秦時的九江郡。文中有關人口的數據除來源於《漢書·郡國志》《續漢書·郡國志五》及劉昭注外，其餘皆參見葛劍雄主編《中國人口史》（第一卷）第488頁。

76　佚名：《三輔黃圖》，陳直校正，陝西人民出版社一九八〇年版。

其他年份的全國戶口數字十組（見表 3-4）。[77]

表 3-4 東漢中元二年至永壽三年部分年份戶口數

年份	戶數	口數
光武帝中元二年（57年）	4279634	21007820
明帝永平十八年（75年）	5860573	34125021
章帝章和二年（88年）	7456784	43356367
和帝元興元年（105年）	9237112	53256229
安帝延光四年（125年）	9647838	48690789
順帝永和五年（140年）	9698630	49150220
順帝建康元年（144年）	9946919	49730550
沖帝永嘉元年（145年）	9937680	49524183
質帝本初元年（146年）	9348227	47566772
桓帝永壽三年（157年）	10677960	56486856

在上表各年份戶口統計數字中，永和五年的數字最為詳備，《續漢書・郡國志》不僅記載了全國戶口總數，而且還有各郡國的統計資料，雖然東漢時期的社會、政治狀況必然使其人口統計出現更大偏差，但對於我們瞭解當時全國和各郡國的人口狀況依然具有參考價值。與西漢元始二年的統計數字一樣，史書中記載的永和五年全國戶口總數與各郡國戶口數的總和有些出入，表中

---

77 資料來源於《續漢書・郡國志五》及劉昭注引《帝王世記》、《晉書》卷一四上《地理志》。

所列該年全國有戶 9698630，口 49150220，而各郡國戶口數相加之和為戶 9336665，口 47686120，兩者相差分別是戶 361965，口 1464100。為了盡量保持客觀性，在後面進行人口分析時也採用各郡國戶口數相加之和的數字。

江西在東漢進入了開發的加速期，永和年間已有縣級機構二十一個，人口比西漢大幅增長，已達 1668906 人（有關分析數據詳見表 3-5）。

表 3-5 東漢永和五年（140 年）揚州各郡國人口密度

郡國名	戶數	口數	戶平均口數	面積（平方公里）	密度（人／平方公里）	縣數	縣平均口數
豫章	406496	1668906	4.1	165915	10.06	21	79472
廬江	101392	424683	4.2	46764	9.08	14	30335
九江	89436	432426	4.8	27506	15.72	14	30888
會稽	123090	481196	3.9	190336	2.53	14	34371
丹陽	136518	630545	4.6	53560	11.77	16	39409
吳郡	164164	700782	4.3	37080	18.90	13	53906
合計	1021096	4338538	4.3	521161	8.33	92	47158

表中數據顯示，豫章戶均口數有所下降，與其他各郡趨於平衡，人口密度大幅提高，縣平均口數已躍居揚州第一。當然，揚州政區變動較大，除豫章、丹陽外，其他幾郡都有或大或小的變化，其中會稽北部分出了吳郡，原六安國及九江郡西部凸出部分劃歸了廬江郡。所以，在對表中各郡數據進行比較時，應該充分

考慮這些因素。也正是基於這一考慮，我們參考許懷林《江西史稿》中的有關表格，把豫章郡的人口統計數字與揚州和全國的相關數據進行計算、分析、比較，所得結論似乎更能客觀地反映豫章人口發展水平（見表3-6）。

表3-6 兩漢豫章郡人口比較及其占揚州和全國人口的比重

類別＼地區		豫章	揚州	全國
人口數	元始二年	351965	3206214	57671402
	永和五年	1668906	4338538	47686120
淨增長數		1316941	1132324	－9985212
增長率		474%	35%	－17%
年均增長率		11.3‰	2.2‰	－1.4‰
人口密度（人／平方公里）	元始二年	2.12	6.15	14.66
	永和五年	10.06	8.33	11.14
占揚州人口比例	元始二年	10.98%		
	永和五年	38.47%		
占全國人口比例	元始二年	0.61%		
	永和五年	3.50%		

從上表可以看出，自西漢平帝元始二年（2年）至東漢順帝永和五年（140年），豫章郡人口數淨增一百三十一萬六千九百四十一口，增長率百分之四百七十四，年增長率十一點三，在東漢總人口減少的情況下，豫章卻逆勢快速增長，人口數在全國

各郡的排序中由第五十三位升至第四位，僅次於南陽、汝南和永昌，而在揚州各郡中則由第五位進至第一位；在揚州和全國所占人口比例也有較大提高，分別由百分之十點九八上升為百分之三十八點四七、百分之〇點六一上升為百分之三點五。人口密度尚處於較低水平，但也增長較快，接近全國平均值，而縣平均人口數更達到了七萬九千四百七十二人，即使按戶均五口的標準計算，也超過了「萬戶以上為令」的標準，這說明江西人口分布在逐漸趨於平衡。

三 人口快速增長的原因

在考察東漢的人口問題時，首先必須認識並接受這樣一個事實，即史書記載的是當時官方統計的在籍人口，還有許多未入戶籍的人口不在統計之列，這當然是古代社會的普遍現象，即使在當代社會也還存在個別漏籍人員。但相比而言，在東漢特定的歷史條件下，豪強大族隱匿人口特別多，而且越是發達地區這種情況越是嚴重。這使得東漢人口統計數字的真實性比西漢要低。所以，對當時豫章郡人口的增長，特別是豫章人口在全國比重的大增，既要看到這是其經濟發展和政治、軍事、環境等影響的結果，又不能忽視當時發達地區戶口虛減的事實。

經濟的發展自然是豫章人口增長的第一要素。先秦時代，江西還屬於邊緣地區，是中原人眼中的荒蠻之地。秦統一後，雖然江西大部分已納入九江郡管轄，但可考的縣級機構只有番縣。西漢豫章郡的設置使江西歷史大為改觀，初步奠定了今天江西政區的規模，但在十六萬五千九百一十五平方公里的土地上，只設立

十八個縣，且主要集中於贛中北以北地區，在籍人口只有三十五萬一千九百六十五人，人口密度才二點一二，縣平均人口不到二萬人。這種狀況與當時豫章尚處在開發階段是一致的。照理說，自漢武帝平定兩越後，贛境內的越人應該有相當一部分在逐漸漢化，成為國家編戶，不至於到西漢末還是這個人口水平。之所以如此，可能與當時的政治形勢有關係。西漢自元、成以降，統治日益腐敗，社會危機加深，外戚擅權導致皇權低落，必然影響到地方行政，一些尚存憂國憂民之心的地方官吏，眼見農民在苛捐雜稅重壓下「有七亡而無一得」、「有七死而無一生」[78]，卻無能為力，最終選擇逃避現實、遠離政治。如南昌尉梅福就是在多次上書無果後，於元始年間棄家出走的。[79]這種狀況嚴重影響了越人同化於漢族的進程，使豫章郡編戶人口長期停滯不前。揚州其他越人較多的郡如會稽、丹陽，人口水平也很低。

東漢立國後，加強了對南方州郡的管理。就豫章而言，不僅增設了三個縣級機構，使豫章成為揚州設縣最多的郡，而且早在光武帝建武年間，就曾先後任命「清約儉惠」的周生豐[80]、治理丹陽政績卓著的李忠為豫章太守[81]。後來又有和帝時的太守張躬，因在郡治南昌修水利、通道路而留名青史[82]；順帝時的欒巴

78　《漢書》卷七二《鮑宣傳》。
79　《漢書》卷六七《梅福傳》。
80　《後漢書》卷二八《馮衍傳》注引《豫意舊志》。
81　《後漢書》卷二一《李忠傳》。
82　《水經注》卷三九《贛水注》。

則在「翦理奸巫」、移風易俗方面成效顯著。[83]因此，豫章郡開發的速度加快了，經濟也隨之發展起來，安帝永初元年（107年）和永初七年（113年）曾連續兩次調糧北方，救濟災民。與經濟發展相攜並進的必然是越人的加速同化，甚至那些因避秦暴政而躲入深山的秦人後裔，也可能在政治寬鬆的社會環境下，告別山居生活，融入主體社會。這應是豫章人口快速增長的主要原因。

移民的遷入是東漢豫章郡人口增長的第二個重要因素。移民的動因是多方面的，秦漢時期主要是天災（自然災害）和人禍（暴政、戰亂）。早在秦代，可能就有不少逃避苛政的秦人舉家、舉族地遷入豫章，這或許是秦漢時代第一批移入江西的人口，但很長時間內，他們都屬於隱蔽人口。西漢時期，移入南方的主要是北方災民，遷移地區大概先是江淮之間，後來才有至長江以南者。如漢武帝時，「山東被河災，及歲不登數年，人或相食，方一二千里。天子憐之，詔曰：『江南火耕水耨，令飢民得流就食江淮間，欲留，留處。』」[84]雖然詔書中只說「就食江淮間」，但不排除此次或其他時期災民流入豫章、丹陽、吳郡的可能。自古以來，黃河流域是經濟發達地區，長期保持著經濟中心的地位，所以人口日漸稠密，至西漢，人均耕地越來越少，有所

---

83 《後漢書》卷五七《欒巴傳》。
84 《漢書》卷二四下《食貨志》。

謂「地小人眾」「土地小狹，民人眾」[85]之稱。而豫章所在的江南之地，河川縱橫，湖泊遍布，土地肥沃，森林茂密，自然資源豐富而災害相對較少。這裡開發晚，經濟落後，地廣人稀，「無凍餓之人，亦無千金之家」[86]，是吸納北方災民的理想之處。

兩漢之際，由反莽起義到群雄逐鹿，北方陷於長期戰亂，「民人流亡」，人口銳減，「至光武中興，百姓虛耗，十有二存」[87]。中元二年（57 年），經過近二十年的恢復，東漢政府所能控制的人口還只有二千一百多萬人，與西漢末年五千七百多萬相比，存在三千六百多萬的差額。這些減少的人口有不少死於戰亂或飢疫，但無疑也有很多人流亡各地，特別是流向相對安定的江南地區。在避亂江南的人口中數量最多的是下層民眾，也有少部分士人階層，他們大多在江南安頓下來。如：

建武六年（30 年），李忠「遷丹陽太守。是時海內新定……忠以丹陽越俗不好學，嫁娶禮儀，衰於中國，乃為起學校，習禮容，春秋鄉飲，選用明經，郡中向慕之。墾田增多，三歲間流民占著者五萬餘口。十四年，三公奏課為天下第一，遷豫章太守」[88]。

建武初，「時天下新定，道路未通，避亂江南者皆未還中

---

85 《史記》卷一二九《貨殖列傳》。
86 《史記》卷一二九《貨殖列傳》。
87 《後漢書志》第一九《郡國志一》注引《帝王世記》。
88 《後漢書》卷二一《李忠傳》。

土，會稽頗稱多士」[89]。

在大規模湧入江南的北方人口中，肯定也有遷往豫章郡的。相傳東漢名士徐稚的曾祖徐審言，就是因避兩漢之際的戰亂而輾轉會稽，最後徙居南昌的，「會稽頗稱多士」也許就包括了這位飽讀經書的沛郡士人。東漢後期，北方天災頻仍，災民也是大量流入江南，如安帝永初元年（107年），「連年水旱災異，郡國多被飢困」，朝廷採納樊准建議，「尤睏乏者，徙置荊、揚孰郡，既省轉運之費，且令百姓各安其所」[90]。值得注意的是，東漢政府在對待流民問題上，大多遵循光武帝安輯流民的作法，或由政府組織遷移，或由當地官員招撫安置，既穩定了社會秩序，又避免了編戶的流失，保證了賦役來源，還給江南帶來了勞動人手和先進的生產技術。這無疑加速了江南經濟的發展和豫章等郡人口的增長，使這裡的荒蠻色彩逐漸消失，生存環境日益改善。至漢末中原大亂時，遂有更多的人群把江南當作避風港，所謂「漢末大亂，徐方士民多避難揚土」[91]、「是時中州士人避亂而南」[92]，正是這一現象的真實寫照。

當然，在肯定上述結論的同時，應該看到，北方發達地區豪強大族隱戶增多，造成了東漢人口統計的嚴重失實。豪強勢力迅

89　《後漢書》卷七六《任延傳》。
90　《後漢書》卷三二《樊宏傳》。
91　《三國志》卷五二《吳書・張昭傳》。
92　《三國志》卷六〇《吳書・全瓊傳》。

速發展，田莊經濟日益壯大，是當時帶有普遍性的現象，正如漢人仲長統所言：

豪人之室，連棟數百，膏田滿野，奴婢千群，徒附萬計。船車賈販，周於四方；廢居積貯，滿於都城。琦賂寶貨，巨室不能容；馬牛羊豕，山谷不能受。妖童美妾，填乎綺室；倡謳妓樂，列乎深堂。賓客待見而不敢去，車騎交錯而不敢進。[93]

現今研究者大多認為，豪強田莊經濟具有規模大、多種經營，聚族而居、宗法色彩濃厚，直接生產者依附性強和擁有私家武裝等特點，這種經濟與自耕農經濟相比較具有明顯的進步性，主要表現在：（1）田莊是一個比較有組織的生產單位，田莊主為了自己的切身利益，能夠組織、督促生產，尤其在東漢後期外戚宦官專權、政治日益黑暗之時，田莊相對安定，有利於生產的發展。（2）田莊具有綜合管理、規模生產的能力，能夠組織興修水利、製造維護新農具、進行耕作技術革新等。因此，豪強地主田莊經濟具有很強的生存與發展能力。東漢經濟之所以能夠持續發展是與田莊經濟的作用分不開的。但是，隨著豪強勢力的日益膨脹，其獨立性、割據性日益暴露出來，而大量隱占人口便是其突出表現之一，所謂「奴婢千群，徒附萬計」「百夫之豪，州

93　《後漢書》卷四九《仲長統傳》。

以千計」⁹⁴，形象地反映了這一問題的嚴重性。這是東漢經濟發展而國家人口統計數衰減的主要原因。豫章郡的情況與全國其他地區特別是發達地區不一樣，它開發、建郡較晚，社會經濟雖有明顯發展，但起點低，豪族勢力尚未形成，隱占人口的現象不嚴重，國家統計的人口數字較為真實，因而豫章郡人口數在全國人口普遍走低的情況下逆勢而上，不減反增。

　　總之，東漢時期的江西人口，縱向比較大幅增長，毋庸置疑；橫向比較名列前茅，含有虛高假象，也是事實。

第三節 ▶ 農業經濟

一　生產技術與耕作方式

1. 鐵農具的使用與牛耕技術的推廣

　　鐵器的使用和牛耕技術的產生，是社會生產力發展的標誌之一，也是我國春秋戰國時期引起生產關係變動、社會制度變革的原動力。由於江西地區開發較晚，鐵器的使用與牛耕的推廣均晚於中原地區，但至少在兩漢時期，鐵農具已大量出現，牛耕技術也逐步推廣，這已從江西考古發現得到證明。

　　（1）鐵農具的使用

94　《昌言・下》。見〔清〕嚴可均輯《全上古三代秦漢三國六朝文・全後漢文》，中華書局一九五八年版。

秦漢時期，隨著冶鐵業的進步、鐵器質量的提高，鐵農具的使用相當普遍，所謂「鐵器，民之大用也」[95]，「鐵，田農之本」[96]「鐵器者，農夫之死士也」[97]。可見，鐵器在當時農業生產中的地位已十分重要。正因為鐵器已成為當時農業領域不可或缺的工具，漢代往往把它與關係國計民生的食鹽相提並論，漢武帝時更推出了鹽鐵專賣的政策。

漢代冶鐵和鐵器製作有官、私之分。據《史記·貨殖列傳》《漢書·地理志》記載，西漢私人「鼓鑄」，除巴蜀之外，大部分集中於黃河中、下游地區。漢武帝時期，全國共有四十郡設置鐵官，其中官營四十八處，也主要集中在中原地區，南方寥寥無幾，僅在桂陽郡（今湖南省郴縣）、犍為郡的武陽縣（今四川省新津縣）和南安縣（今四川省夾江縣西南）、蜀郡的中弦縣（今四川省邛崍縣）四處設有鐵官，豫章郡內尚屬空白。就資源而言，江西境內也確實缺乏鐵礦。所以，如果僅從文獻記載和資源分布來看，很難說明當時的江西地區已經使用了鐵器，至於鐵農具的推廣更無從查考。

然而，考古資料表明，在漢代江西農業生產領域，已經較為廣泛地使用了鐵器，這從遍布江西各地的漢代墓葬中可以窺見一般。建國以來，考古工作者在修水、南昌、新建、湖口、清江、

95　《鹽鐵論》卷六《水旱第三十六》。
96　《漢書》卷二四下《食貨志》。
97　《鹽鐵論》卷第一《禁耕第五》。

萍鄉、宜春、遂川、永新、撫州、贛州等市縣的十九處漢墓中，
出土了鐵器共一百多件，計有生活用具四十一件，生產工具二十
二件，兵器四十七件，飾品一件，還有不明物和棺釘若干。其中
鐵農具有斧、鋤、鍤、鏟、钁、耨、錘等；鐵兵器有劍、刀、
戟、矛、匕首等；鐵生活用具有釜、鍋、釘、燈、火盆等；鐵車
器有車、圓管等。從製造方法來看，有鍛鐵的，也有鑄鐵的。
就鐵農具而言，不僅品種多，數量可觀，當時中原地區使用最普
遍的鍤、　、鏟等鐵農具，均在江西較廣區域被發現，而且製作
技術精良，足以和中原地區出土的鐵農具相媲美。特別是一九六
四年在修水縣古市鄉橫山出土的兩漢之際的二十七件鐵器中，鐵
農具多達十九件，可分為鏟、鋤、臿（鍤）、钁等四種。經專家
鑑定分析，結果如下：

　　鏟一件，上為扁方形褲，鏟身兩肩下斜，刃作圓弧，全形呈
褶扇狀。在褲的外表一面鑄有陽識漢隸「淮一」銘文。全長十三
釐米。

　　鋤一件，薄板鋤體，作六邊短珪形。平刃，近背部有橫方
孔，並向外凸出一短褲，刃以上五邊有一回弦紋。全高十釐米。

　　臿四件，作凹形，器體縱窄橫寬，上部有容木質的溝槽，平
刃微弧。其中一件刃寬大於上部，上部周邊有一道凸線，並在左
邊有『淮一』銘文。全高九點五釐米，刃寬十三點五釐米。另外
三件刃寬小於上部，刃呈半環狀。全高十釐米，刃寬十一釐米。

　　钁十三件，形式與臿相似，為半環圓刃，刃之兩端向外伸成
尖角，作斧刃狀。一般高六點五釐米，刃寬七到九釐米。其中有

圖 3-3　西漢鐵鋤（修水縣古市出土）

圖 3-4　左：西漢鐵錘（修水縣古市出土）右：東漢鐵斧（奉新縣干洲出土）

器形較大的三件，刃前端突出呈三角犁狀。[98]

　　這批鐵農具的出土，為我們認識秦漢時期江西農業生產力水平，提供了直接的證據，尤其是那十三件鐵钁的出土，格外引人

---

[98]　薛翹、程應麟：《修水縣發現戰國青銅樂器和漢代鐵生產工具》，《江西文物資料》一九六四年第四期。另見《考古》一九六五年第六期。

圖 3-5　西漢鐵鏟（修水縣出土）　　圖 3-6　東漢鐵插（樟樹市博物館藏品）

注目。有研究者認為，這種鐵與鏟、鋤、鍤等功能不同，並非掘土工具，而是中耕除草類農具。如果此說成立，則表明漢代江西已開始重視農業中耕環節，這是生產技術進步的反映。

　　總之，漢代江西地區不僅大部分已使用鐵器，而且鐵器類型遍及經濟、日常生活和軍事等各個領域，特別是鐵製農具的使用遠較以前廣泛和普遍。

　　至於鐵器的來源，究竟產自江西本地還是來自其他地區，目前尚難查考，但從史載豫章無鐵官，而修水古市出土的鐵鏟、鐵鍤上又留有銘文「淮一」的標記推斷，西漢時期江西境內使用的鐵器有可能主要仰仗於其他地區，而臨淮郡鐵官便是其來源之一。[99]這表明，在統一帝國內，隨著商品交換的發展，江西與全

99　西漢在淮南的鹽瀆、堂邑二縣設有鐵官，「淮一」疑是其鐵器產品的標記。

國各地的經濟交流也大大加強了，這是當時江西進步的表現之一。

（2）牛耕技術的推廣

漢代江西是否掌握並推廣了牛耕技術？對此問題，學界看法並不一致。否認者的主要依據，一是兩漢文獻中無直接記載，二是迄今為止考古上又尚未發現漢代鐵犁。的確如此，據《漢書・地理志》記載，殷周時期分天下為豫、兗、雍、幽、冀、並、荊、揚、青九州，其中只有豫章所在的揚州和荊、青三州屬於非產牛區。不產牛便不可能有養牛業，而養牛業是牛耕的必要前提。然而，經過春秋戰國五六百年社會變遷，至秦漢時，隨著北人南遷和南方開發，荊揚地區的畜牧業發生明顯變化。從睡虎地秦簡、張家山漢簡看，荊州一些地方的養牛業興盛，尤其官方養牛規模龐大，私家畜養也有相應發展。[100]從文獻記載看，豫章四鄰乃至合浦（今廣西合浦東北）等地均已有了養牛業，且程度不同地實行了牛耕。為了說明問題，可分別論列如下：[101]

其一，高後時，頒布詔令：「毋予蠻夷外粵金鐵田器。馬牛羊即予，予牡，毋與牝。」師古說「恐其蕃息」[102]。對西南夷政策是不外傳鐵農具，給牛也不給母牛。這句話隱含了南粵地區養

---

100 見溫樂平《論秦漢「養牛業」的發展及相關問題》，《中國經濟史研究》二〇〇七年第三期。

101 參閱溫樂平《論秦漢「養牛業」的發展及相關問題》，《中國經濟史研究》二〇〇七年第三期。

102 《漢書》卷九五《西南夷南粵朝鮮傳》並師古注。

牛業發展到一定程度，很可能已經實行牛耕。

其二，新莽時，王莽欲派大司馬司允費興為荊州牧，問其治理方略，費興對曰：「荊、揚之民率依阻山澤，以漁采為業。間者，國張六筦，稅山澤，妨奪民之利，連年久旱，百姓飢窮，故為盜賊。興到部，欲令明曉告盜賊歸田裡，假貸犁牛種食，闊其租賦，幾可以解釋安集。」[103]雖然費興遭王莽免官，但他的話透露出荊、揚二州已經實行犁牛耕作，只是還不廣泛，有待於進一步推廣。

其三，建武三十年（54 年），第五倫任會稽太守，「會稽俗多淫祀，好卜筮。民常以牛祭神，百姓財產以之困匱，其自食牛肉而不以薦祠者，發病且死先為牛鳴，前後郡將莫敢禁。倫到官，移書屬縣，曉告百姓。其巫祝有依託鬼神詐怖愚民，皆案論之。有妄屠牛者，吏輒行罰。民初頗恐懼，或祝詛妄言，倫案之愈急，後遂斷絕，百姓以安。」[104]禁斷當地長期以來形成的殺牛祭祀淫祠風俗，說明揚州會稽地區宜畜養牛，且養牛歷史不短。

其四，建初八年（83 年），王景遷廬江太守，「先是百姓不知牛耕，致地力有餘而食常不足。郡界有楚相孫叔敖所起芍陂稻田。景乃驅率吏民，修起蕪廢，教用犁耕，由是墾闢倍多，境內豐給」[105]。這段史料，備受學界關注，有學者據此認為江南地區

103 《漢書》卷九九《王莽傳》。
104 《後漢書》卷四一《第五倫傳》。
105 《後漢書》卷七六《循吏列傳・王景傳》。

牛耕還未實行，農業生產比較落後。[106]其實文中明明說到「先是百姓不知牛耕」，王景任太守後，「教用犁耕，由是墾闢倍多，境內豐給」，換言之，起碼從建初八年起，盧江開始推行牛耕。

其五，《漢書・地理志》記載：「自合浦徐聞南入海，得大州，東西南北方千里，武帝元封元年略以為儋耳、珠崖郡。……男子耕農，種禾稻紵麻，……亡馬與虎，民有五畜。」儋耳、珠崖郡，屬交趾刺史部，今海南省儋耳縣、海口市附近。[107]「民有五畜」，引師古注曰：「牛、羊、豕、雞、犬。」說明至少在武帝時期畜牧業有一定發展，百姓家庭養牛可能是常務農事。

就地理位置而言，豫章郡西接荊州，南鄰交趾[108]，北與盧江郡交界，東與會稽郡相鄰，且與會稽、盧江同屬揚州刺史部。這些地區都先後在推廣牛耕技術，而處在它們中間的豫章郡卻一無所知，恐怕說不過去。況且，漢代的牛耕技術基本上是由北向南逐步推廣的，而江西自秦征百越後便是南北交通的重要通道之一，處於牛耕技術推廣線路的必經地段，即使沒有官方「循吏」刻意推廣，考慮地方經濟間的互動關係，也應會受到周邊的影響，從而掌握牛耕技術。

---

106 翦伯贊主編：《中國史綱要》（修訂本，上冊，人民出版補二〇〇五年版，第108頁）認為「經濟落後的淮南地區，還是餅未而耕。江南大部分地區仍處於『伐木而樹谷，燔萊而播粟，火耕而水耨』（《鹽鐵論・通有》）的階段，同北方的農生產水平相差很遠。」

107 參見譚其驤：《中國歷史地圖集》第二冊，中國地圖出版社一九八二年版，第30-31頁。

108 交趾刺史部，東漢改名交州刺史部。南越國地及九真郡皆屬交趾。

從考古材料看，首先，湖口縣石鐘山西周遺址中出土了大量動物骨骼，其中有牛骨骼、十二枚牛牙齒和一件原始瓷塑藝術品。這件瓷塑藝術品呈釉褐色，體長九點二釐米，寬三點九釐米，腹寬二點五釐米，雙眼鼓突，頭部皮下垂，尾短齊股，形象似牛。瓷牛藝術品的出土，說明當時牛已為人們所飼養。[109]新干縣大洋洲商墓出土了二件青銅犁，其中一件青銅犁上鑄有供插銷固定用的穿孔，估計為當時墓主在自己的大田莊上象徵性地行「親耕」禮時所用之物。[110]若前述推斷成立，則早在商周時代江西地區就已懂得飼養牛和犁耕。其次，湖口縣象山東漢紀年墓中出土了陶牛二件，「長二十一釐米、高十二點六釐米。頭部角、耳已殘斷。泥質紅陶」[111]；宜春西漢墓中，有牛骨頭出土；[112]寧都縣蓮湖東漢墓磚上發現車馬紋磚，其中不但有馬拉車，而且有牛拉車和放牧牛的場面。[113]上述三地分別位於贛北、贛南和贛

---

109 彭適凡：《江西先秦農業考古概述》，《農業考古》一九八五年第二期。

110 彭適凡等：《江西新干商墓出土一批育銅生產工具》，《農業考古》一九九一年第一期。墓中的隨葬品主要為青銅器、玉器、陶瓷三大類，在出土的四百八十件青銅器中，生產工具有犁、錛、耒、耜、斧、斨、鏟、鏟、鐮、銍、钁、刀、刻刀、鑿、錐、砧十餘種，一百二十七件。其中兩隻青銅犁形似等邊三角形，一面平整，一面中部拱起，形成截面為鈍三角形的鑑部。兩邊均飾勾連式雷紋。青銅犁的出土，在全國實屈首例，過去雖有青銅犁的發現，但都是傳世品，尚無一例是經科學發掘而獲得的。

111 楊赤宇：《湖口縣象山東漢紀年墓》，《江西歷史文物》一九八六年第一期。

112 黃頤壽等：《宜春西漢木椁葛》，《汀西歷史文物》一九八六年第一期。

113 彭適凡：《汀西古代文明史概述》，《汀西文物》一九八九年第二期。

西，似可認為，漢代江西地區從北至南的局部地區都已有了養牛業並已掌握牛耕技術。

值得注意的是，上述文獻資料所記載的官方在江西周鄰地區推廣牛耕技術的時間，主要在東漢時期，考古材料所反映的亦多屬東漢史實，這說明江南的牛耕技術是在東漢時期逐步推廣的。但材料同樣顯示，江西早在商周時期就對養牛和犁耕有所瞭解，為何直到東漢時期才開始使用並逐步推廣？這可能與漢代牛耕的耕作形式以及南北地理差異有密切關係。由於牛耕技術發源於北方，而漢代北方流行的耕作形式是「二牛抬槓」式，這種主要基於平原旱地特點而發明的耕作形式，並不完全適宜於江南的自然環境，所以，推廣起來是有一定難度的，這應是江西乃至整個江南地區在西漢以前就較早地知道牛耕技術卻一直未能推廣使用的主要原因。直到東漢，隨著政府對江南地區開發力度的加大，南北經濟聯繫的加強，以及北方人口的南遷，才把北方的牛耕技術初步改造成適宜江南自然條件的牛耕形式，並逐步推廣。

當然，牛耕推廣的歷程是艱難而漫長的，其中耕牛的缺乏可能是制約其發展的瓶頸之一。所以，直至晉代，牛耕的普及依然困難重重，如《晉書・食貨志》云：「東南以水田為業，人無牛犢，今既壞陂，可分種牛三萬五千頭以付（荊、揚）二州吏士庶，使及春耕。」

2.「火耕水耨」耕作方式

秦漢文獻對江南的耕作方式多用「火耕水耨」一言以概之，如：

是時山東被河菑，及歲不登數年，人或相食，方一二千里。天子憐之，詔曰：「江南火耕水耨，令飢民得流就食江淮間，欲留，留處。」遣使冠蓋相屬於道，護之，下巴蜀粟以振之。[114]

秋九月，詔曰：「仁不異遠，義不辭難。今京師雖未為豐年，山林池澤之饒與民共之。今水潦移於江南，迫隆冬至，朕懼其飢寒不活。江南之地，火耕水耨，方下巴蜀之粟致之江陵，遣博士中等分循行，諭告所抵，無令重困。」[115]

「楚越之地，地廣人希，飯稻羹魚，或火耕而水耨。」[116]

「楚有江漢川澤山林之饒。江南地廣，或火耕水耨。」[117]

文學曰：「荊、揚南有桂林之饒，內有江、湖之利，左陵陽之金，右蜀、漢之材，伐木而樹谷，爇萊而播粟，火耕而水耨，地廣而饒財。」[118]

對於「火耕水耨」，古人眾說紛紜，但東漢應劭的解釋似更貼近事實，其曰：「燒草，下水種稻，草與稻並生，高七八寸，因悉芟去，復下水灌之，草死，獨稻長，所謂火耕水耨也。」[119]即先燒去荊棘雜草，放水下稻種，使稻和草一起生長，待其長至七八寸高時，再割去雜草，放水淹灌，使雜草死去，而稻禾長起

114 《史記》卷三〇《平準書》。
115 《漢書》卷六《武帝紀》。
116 《史記》卷一二九《貨殖列傳》。
117 《漢書》卷二八下《地理志》。
118 《鹽鐵論》卷第一《本議》。
119 《史記》卷三〇《平準書》裴駰《集解》引。

來。簡言之，就是南方水稻種植過程中燒草、放水、播種、除草等基本環節。諸多學者研究的結論表明，「火耕水耨」並非「刀耕火種」，而是南方水田耕種的必要手段。從江西自然地理狀況來看，「火耕水耨」方式主要在江西山區的冷漿水地進行，因為這種農田一年四季是泉水不斷、土壤鬆軟，有冷泉水冒出的周圍數平方米內土壤稀鬆，易水草，人畜踏上易陷入下去，淺則五六十釐米左右，深則近一米五六左右，若超過這個深度，一般這塊土地就是荒地了，無人敢耕種，因為人畜不敢近此處，無法種收農作物。所以這種農田不適合任何畜耕，而只適宜人力耕種。「火耕水耨」大概就是在這種江南獨有的自然條件下產生和發展的。其功用主要表現在：[120]

其一，「火耕」放火燒掉雜草，為整治田地清除障礙。據《後漢書・文苑・杜篤傳》載，這種方法在關中農業發達區似乎也存在，所謂「火耕流種，功淺得深」。李賢注曰：「以火燒所伐林株，引水漑之而布種也。」

其二，「火耕」能提高地溫和土壤的酸鹼度。江西山區冷漿田、湖灘的深足田，終年浸泡在水裡，「農民為了提高地溫，仍然燒田埂、山旁雜草，取火土灰肥田以便稻秧發兜分蘗」。

---

120 以上參閱陳文華・《論農業考古》，江西教育出版社一九九〇年版；劉磐修：《「火耕」新詔》，《中國經濟史研究》一九九三年第二期；黃展岳：《漢代南方牛耕與火耕水耨》，《中國考古學論叢》，科學出版社一九九三年五月版；許懷林：《漢代南方牛耕與火耕水耨》，《農業考古》一九八七年第二期。

其三，「火耕」能有效防止病蟲害。水稻病蟲害由各種病菌病毒引發，一般寄生於上年稻草和雜草上越冬，隨稻草傳播繁殖。燒掉雜草可使害蟲越冬無所寄託，從而減少復活的危害。據筆者對正史本紀的粗略統計，兩漢時期共發生蝗災約三十次，其中南方未見一例。這種天壤之別的差異，固然與南北自然條件、氣候環境不無關係，但「火耕」的作用恐怕也不應忽視。

其四，「水耨」乃中耕除草的基本方法。包括對已翻耕的土地放水耨平整齊，以及播種後把伴生在禾苗中的雜草，用鋤耨工具或手耙腳耘的辦法除掉。

其五，「火耕」「水耨」兼有施肥的效應。以火燒草，草木灰是很好的磷甲肥，而用水漚草，腐爛的雜草又是很好的綠肥。

正因為「火耕水耨」具有諸多好處又適宜於江南的自然條件，所以它不僅在秦漢南方的許多地區長久存在，而且在魏晉以後大有擴張之勢。如：

《晉書‧食貨志》載杜預蔬言：「諸欲修水田者，皆以火耕水耨為便……臣計漢之戶口，以驗今之陂處，皆陸業也。」

《全晉文‧陸云〈答車茂安書〉》：「遏長川以為陂，燔茂草以為田，火耕水種，不煩人力。」**121**

《全陳文‧徐陵〈廣州刺史歐陽頠德政碑〉》：「火耕水耨，

---

121 見〔清〕嚴可均輯《全上古三代秦漢三國六朝文》，中華書局一九五八年版。

彌亙原野，賊盜皆偃，工賈競臻，鬻米商鹽，盈衢滿肆。」[122]

《隋書・地理志下》：「江南之俗，火耕水耨，食魚與稻，以漁獵為業，雖無蓄積之資，然而亦無飢餒。」

其實，牛耕技術與「火耕水耨」並非相互排斥的，相反，二者在江南自然條件下的並存交融，恰好起到了取長補短的作用。這便是秦漢乃至六朝時期江西地區牛耕技術在逐漸推廣，而「火耕水耨」耕作方式依然充滿生機的主要原因。

3. 水利興修與土地墾闢

鐵器的使用和牛耕技術的推廣，提高了江西地區的生產力，為精耕細作、水利興修和荒地的開墾創造了條件。

我國自古重視水利事業，早在先秦時期，諸子百家中就有「食之所生，水與土也」[123]、「修堤梁，通溝澮，行水潦，安水臧，以時決塞。歲雖凶敗水旱，使民有所耘艾」[124]的闡述，說明當時人們不僅懂得水是農業之命脈，而且還知道水有危害農業生產的一面。所以，秦漢時期，興修水利常被標榜「重農抑商」的統治者掛在嘴上，並作為考察地方官員政績的重要依據之一，尤其是東漢時期，江南地區也已開始大規模興建陂塘閘壩，推廣蓄水排灌的技術。如漢章帝建初八年，王景遷廬江太守，「郡界有

---

122 見〔清〕嚴可均輯《全上古三代秦漢三國六朝文》，中華書局一九五八年版。

123 《管子・禁藏第五十三》。

124 《荀子・王制篇第九》。

楚相孫叔敖所起芍陂稻田。景乃驅率吏民,修起蕪廢,教用犁耕,由是墾闢倍多,境內豐給」[125]。又如「漢順帝永和五年,會稽太守馬臻創立鏡湖……溉田九千餘頃」[126]。豫章郡在水利興修方面相對落後些,見於記載的只有一次,即漢和帝永元年間(89-104年)「(豫章)太守張躬築塘以通南路,兼遏此水。冬夏不增減,水至清深,魚甚肥美」[127]。

江西地處丘陵地區,利用泉流和地下水方便,所以陶井明器在漢代較為流行,考古發現的約有百件以上。如宜春市、湖口縣、南昌市郊東漢墓中出土十餘件陶井,皆裝有梯形井架,架頂有滑輪,井內有陶制或銅製的小水桶。這種農具滑車顯然是用於家庭汲水和汲水灌溉的。

鐵農具和牛耕技術給漢代江西帶來的又一個變化,是耕地面積的拓展。如前所述,豫章郡編戶人口在東漢永和五年(140年)已達到一百六十六點八九萬人,比西漢平帝二年(2年)增長了四點七四倍。與人口快速增長相攜而進的應是土地的墾闢。東漢末年軍閥混戰期間,占據江東的孫吳集團就曾通過多種途徑墾闢耕地,其中在江西境內採取的措施主要有兩種:

(1)軍事屯田。如吳主孫權曾一次性「別賜尋陽屯田六百人」予呂蒙[128],可見今江西九江一帶的軍事屯田已有相當規模。

125 《後漢書》卷七六《循吏傳・王景傳》
126 《太平御覽》卷六六引《會稽記》。
127 《水經注》卷三九《贛水注》。
128 《三國志》卷五四《吳書・呂蒙傳》。

（2）用武力逼迫山越人出山，組織他們開墾荒地。江西的山嶺地區是山越民的居住地之一，這些古代越族的後裔，自被秦始皇征服之後，就長期與漢民族雜居，同漢人的差別日益縮小。孫氏江東政權建立前後，約從西元二百年開始，曾多次對山越用兵，江西境內的山越人也被迫「強者為兵，羸者補戶」，或補充進軍隊，或編入國家戶籍，為國家開荒種地。

通過上述途徑，江西地區的耕地面積逐漸擴大，經濟開發區域有所增加，形成了更多的地區性經濟中心。這從江西地區由東漢時的一郡二十六縣猛增到三國東吳統治下的六郡五十七縣中看得很清楚，而地處丘陵山地的贛南地區的變化似乎更能說明問題。這個在秦漢時代長期被稱為「南野」的地區，縣治也由過去的三個增加到東吳時的六個，應是戶口數量增多、耕地面積擴大的反映。

二　稻作種植業與漁、林、牧等業

江西地處亞熱溫濕地帶，土地肥沃，水網密布，良好的自然條件使水稻成為這裡主要的糧食作物。江西水稻栽培的歷史非常久遠，據考古發現與研究，早在新石器時代，江西贛東北地區便已出現人工栽培稻。

（萬年）仙人洞與吊桶環的一項驚世發現就是在吊桶環中石器時代地層中發現有大量野生稻，這是我國長江流域首次發現的早於栽培稻的考古遺存；在吊桶環和仙人洞的新石器時代早期即距今一萬二千年前的地層中開始發現人工栽培稻，經植物學家研

究，這種水稻兼具野、秈、粳稻特徵，是一種由野生稻向人工馴化稻演化的古栽培稻類型，它是現今所知世界上年代最早的栽培稻遺存之一，它有力地昭示，贛鄱地區是亞洲和世界稻作農業一個重要的發祥地。[129]

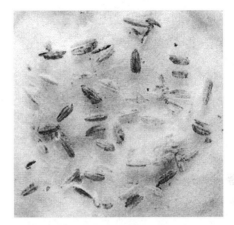

圖 3-7　東漢稻穀（南昌市出土）

　　秦漢時期，稻作依然是這裡賴以生存的糧食種植業，這已從漢代墓葬中出土的大量水稻標本得到證明，如南昌南郊東漢墓葬中就曾出土粳稻和秈稻標本[130]（圖 3-7）。文獻中也有「飯稻羹魚」「嘉蔬精稻，擅味於八方」、「田疇膏腴，厥稻馨香，飯若凝脂」[131]等記載。這種以稻米為主的飲食結構終秦漢六朝基本未變，所以直到隋統一後，人們還在說「江南之俗，火耕水耨，食魚與稻，以漁獵為業」[132]。

　　水稻作物主要分布在鄱陽湖平原和贛江兩岸地區，前述這兩

129 彭適凡·《江西通史·先秦卷》，江西人民出版社二〇〇八年版。
130 陳文華·《論農業考古》，江西教育出版社一九九〇年版，第 172 頁。
131 《史記》卷一二九《貨殖列傳》；雷次宗《豫意記》，見〔宋〕樂史《太平寰宇記》卷一〇六《江南西道四·洪州》；王孚《安成記》，見〔唐〕徐堅《初學記》卷二六《服食部》。
132 《隋書》卷三一《地理志下》。

地的土地墾闢和農田水利工程，大多與稻作生產的發展有關。參照《晉書‧食貨志》關於「東南以水田為業」的記載，足以說明當時的江西完全處在中國典型的水田稻作區。然而，這種單一的糧食種植結構似在東漢晚期，開始有所變化。如漢桓帝時，「陳蕃嘗為豫章太守，以禮請（徐稚）署功曹。稚為之起，既謁而退，蕃饋之粟，受而分諸鄰里」[133]。以粟作餽贈品，是否說明當時豫章已能耕種旱地作物——粟，因無其他佐證，在此暫且存疑。

秦漢時期江西的農副業，見於記載的主要有林木業、漁業、家庭飼養業等。

在秦漢，主要依賴於這裡的自然條件——水網密布、江河縱橫，紅壤丘陵、高山密林，具有靠山吃山、靠水吃水的天然優勢，因此，捕魚狩獵、採集山伐等副業最具特色。這在秦漢文獻中多有論述，如：

《史記‧貨殖列傳》：「衡山、九江、江南、豫章、長江，是南楚也……楚越之地，地廣人希，飯稻羹魚，或火耕而水耨，果隋蠃蛤，不待賈而足，地埶饒食，無饑饉之患，以故呰窳偷生，無積聚而多貧。是故江淮以南，無凍餓之人，亦無千金之家。」

《漢書‧地理志下》：「楚有江漢川澤山林之饒。江南地廣，或火耕水耨。民食魚稻，以漁獵山伐為業，果蓏蠃蛤，食物常

133 《後漢紀》卷二二下《孝桓皇帝紀》。

足。」

對上述材料中所反映的漁獵、瓜果種植和林木砍伐的屬性，應從兩方面來看，一是典型的農副業，主要分佈在今贛中、贛北稻作農業相對發達的地區，這裡「飯稻羹魚」、「果蓏蠃蛤」較為普遍。二是非農區的主業，主要分布在今贛南的一些深山老林，這裡開發較晚，當以「山伐為業」。對此，秦漢未留下記載，但南朝顧野王《輿地誌》中的一段文字，似可作為參照，其云：

虔州上洛山多木客，形似人，乃鬼類也。語示如人分明，近則藏隱。能砍杉枋，聚於高峻之上，與人交市，以木易人刀、斧。交關者前署物枋下，卻走避之。木客尋來取物，下枋與人，隨物多少，甚信直而不欺。[134]

所謂「木客」，當是祖祖輩輩居住在深山密林的山民，因文明程度較低而被時人視為「鬼類」。他們可能依靠森林資源，「山伐為業」。故曰「能砍杉枋」，並「與人交市」。說明「木客」正在通過與外界的經濟交往而走向文明。

除漁獵、蔬果等副業外，家庭飼養業也有一定發展，雞、

---

134 《太平寰宇記》卷一〇八《江南西道六・虔州》引（南朝）顧野王《輿地誌》。

圖3-8　湖口縣象山東漢紀年墓出土陶馬、陶牛、陶狗、陶羊、陶豬、陶雞、陶鴨

鴨、豬、羊、馬、牛「六畜」的飼養已經比較常見。雖然古籍文獻中難見記載，但在已發掘的漢墓中可找到答案，如湖口縣象山東漢紀年墓出土了陶雞、陶鴨、陶羊、陶豬、陶馬和陶牛；[135]南昌市郊塘山東漢墓出土了陶豬；宜春西漢墓出土了果核及牛骨頭。[136]這些考古發現應是漢代江西家庭飼養業發展的見證。

135　楊赤宇：《湖口縣象山東漢紀年袋》，《汀西歷史文物》一九八六年第一期。

136　陳文華：《南昌市郊東漢墓清理》，《考古》一九六五年第一期；黃頤卉等·《宜春西漢木椁船》，《江西 歷史文物》一九八六年第一期。

三　江西農業經濟在全國的地位

有關史實證明，江西自西漢中期特別是東漢以降，隨著社會生產力的發展，農業經濟地位日益上升，已逐漸發展為江南的產糧地區，所產糧食是各朝統治者鞏固政權、賑濟災區、安定人心、進行戰爭的重要物資。

漢代江西的糧食產量究竟有多少，因史無明載不得而知。許懷林作過一個推算，可供參考：

若以口糧數推論，則可以說豫章郡是全國水稻產量最多的一個地區，因為它的人口數居東漢各郡的前列。漢代人均口糧數量，依據居延漢簡錢穀類所記錄的資料折算，平均每人每日食谷二點一七市斤。[137]豫章郡有一百六十六萬餘人，合計每年食谷為十三億二千一百八十五萬餘斤。〔按（2.17×1668906）×365＝1321856997.30（斤）〕《東觀漢記》張禹傳記載，章帝時張禹在徐縣開陂墾田四千餘頃，得谷百萬餘斛，每畝產量二斛半。依這個水平折算，生產十三億多斤稻穀需有四百四十萬餘畝〔（1321856997÷120）÷2.5＝4406189（畝）〕。這種推論出來的數據當然是不準確的，它沒有包含釀酒所消耗的糧食，沒有包含「果蓏蠃蛤」等所取代的糧食；畝產量是否和徐縣相同，也很值得懷疑。儘管如此，這個約數作為比較分析的資料，還是有價值

137　王達：《試評「中國度址衡史」中周秦漢度址衡畝制之考證》，載《衣史研究集刊》（第一冊），科學出版社一九五九年版。

的。[138]

　　不論上述推算是否合乎實情，東漢時期江西糧食產量有所提高是可以肯定的，因為考古發現也為我們提供了相關證據。一是出現了糧食加工工具。在新建昌邑出土了東漢時期的紅陶臼和陶擂缽，[139]這是一種頗具地方特色的脫粒加工稻米的工具。二是「貯藏糧食的建築——倉，在形制、規模、構造等方面，都較商周時期有了很大發展，而且種類也較多，通風防潮、安全也很注意」[140]。在南昌、湖口、萍鄉、宜春、清江、贛南等地的漢墓中，都有專供貯存糧食的陶倉及銅倉模型出土。陶倉有泥質灰陶和綠紅陶兩種，形制和結構多為圓形三足倉。其中，南昌東漢墓出土的一件陶倉頗具代表性。這件陶倉，三錐狀實足，笠形倉蓋，頂端立一鳥，作欲飛狀，球腹上方開一倉口[141]，已在結構上注意了防潮、通風、安全防盜和防止鳥類侵食，頗具特色（見圖3-9）。[142]據考證，漢代糧倉「有的建在地上，有的建在地下，規模有大有小，有屬中央的，也有屬於郡縣和封建地主私人的，有

138 許懷林：《漢代江西的農業》，《農業考古》一九八七年第二期。
139 江西歷史博物館：《江西南昌地區東漢墓》又考古》一九八一年第五期。
140 周廣明：《戰國秦漢時期的江西農業》，《江西文物》一九九一年第二期。
141 江西省博物館：《江西南昌東漢東吳墓》，《考古》一九七八年第三期。
142 周廣明：《戰國秦漢時期的汀西農業》，《江西文物》一九九一年第二期。

負責糧食的集中、貯存、供應，也有專為中轉儲運的，結構上有土築、木構、磚築或土木結構的」[143]。糧倉的普遍建立正是糧食產量提高、剩餘糧食增多的反映。

豫章郡糧食產量的增加，必然提高其在全國的經濟地位。前述漢武帝時，閩越王企圖反叛，淮南王劉安上疏說：「越人欲為變，必先田余干界中，積食糧，乃入伐材治船⋯⋯」[144]說明鄱陽湖東部地區已能通過生產積儲糧食。東

圖 3-9　東漢陶穀倉（1960 年南昌市出土）

漢安帝永初元年（107 年）九月，「調揚州五郡租米，贍給東郡、濟陽、陳留、梁國、下邳、山陽」。李賢注曰：「五郡謂九江、丹陽、廬江、吳郡、豫章也。」永初七年九月，「調零陵、桂陽、丹陽、豫章、會稽租米，賑給南陽、廣陵、下邳、彭城、山陽、廬江、九江飢民」[145]。這是從豫章調糧賑濟江北諸郡的最早

143 糕振西、杜葆仁：《論秦漢時的倉》，《考古與文物》一九八二年第四期。
144 《漢書》卷六四上《嚴助傳》。
145 《後漢書》卷五《安帝紀》。

記錄。值得注意的是，兩次南糧北調的時間相隔只有六年，而包括豫章在內的江南數郡竟承受住了短期內連續兩次大規模調糧賑災的沉重壓力。這表明，東漢時期，隨著江西農耕技術的進步，糧食產量有了較大幅度的提高，不僅能夠養活迅速增長的本土人口，而且有能力輸出租米。

東漢時期江西經濟地位提高的另一表現，是地方豪宗的出現。司馬遷在《史記·貨殖列傳》中稱江淮以南「無凍餓之人，亦無千金之家」，反映的應是西漢以前的事。東漢時期，隨著江西地區開發力度的加大，這種狀況似有較大改變，而且，特別到東漢末期，所謂「千金之家」也應該出現了。如《三國志·孫策傳》記孫策經略豫章時稱：「時豫章上繚宗民萬餘家在江東。」不久，投靠曹操的劉勳因軍糧緊缺，「乃遣從弟偕告糴於豫章太守華歆。歆郡素少谷，遣吏將偕就海昏上繚，使諸宗帥共出三萬斛米以與偕。偕往曆月，才得數千斛」[146]。這些敢於抗拒太守華歆的番陽「諸宗帥」顯然已非一般豪富了。

考古發現的一些隨葬品豐厚的東漢磚室大墓，也透視出這個明顯變化。如湖口縣象山東漢墓和南昌青雲譜東漢墓在同一磚室墓內出現倉、井和各種生活用品。宜春市和南昌京家山東漢墓群，則都是聚族而葬，且京家山墓葬中有一「卡」字型磚室，前後東西共七室，隨葬物以消費品明器居多。一九八二年永新縣發現的東漢墓中出土的青銅棺槨，棺內還有玻璃器皿（圖 3-10）。

---

146 《三國志》卷四六《孫堅傳》注引《江表傳》。

圖 3-10　一九八二年水新東漢墓出土文物
　　（1.青銅棺椁；2.青銅內棺；3.玻璃瓶；4.青銅熏爐；5.青銅蓋盒）

墓中出土一件銘文鏡上有段吉祥語文字：「楊氏作鏡大毋傷，巧
工刻之成文章。左龍右虎辟不祥，朱雀玄武……」[147]這都表明死
者生前已不是「茍竊偷生」的普通百姓，尤其是擁有玻璃器皿、
享受青銅棺椁的楊氏應是豫章郡的豪強大族了。

---

147 參閱江西省文物工作隊·《南昌京家山漢菇》,《考古》一九八九年
　　第六期；李志榮：《永新古墓出土青　銅棺及玻璃器》,《江西文物》
　　一九九一年第三期等。

　　總之，兩漢時期特別是東漢後期，江西經濟雖然還不足以與周邊湖北、浙江、廣東等地相比，但其發展的步伐明顯加快了，在全國的經濟地位也日顯重要。在這個背景下，打破「無千金之家」經濟格局，是不足為奇的。

江西文庫 A0701A04

江西通史：秦漢卷　上冊

主　　編　鍾啟煌
作　　者　盧星、許志範、溫樂平
責任編輯　楊家瑜

發 行 人　陳滿銘
總 經 理　梁錦興
總 編 輯　陳滿銘
副總編輯　張晏瑞
編 輯 所　萬卷樓圖書股份有限公司
排　　版　菩薩蠻數位文化有限公司
印　　刷　百通科技股份有限公司
封面設計　菩薩蠻數位文化有限公司

出　　版　昌明文化有限公司
桃園市龜山區中原街 32 號
電話 (02)23216565
發　　行　萬卷樓圖書股份有限公司
臺北市羅斯福路二段 41 號 6 樓之 3
電話 (02)23216565
傳真 (02)23218698
電郵 SERVICE@WANJUAN.COM.TW
大陸經銷　廈門外圖臺灣書店有限公司
　　電郵 JKB188@188.COM

ISBN 978-986-496-178-8
2018 年 1 月初版
定價：新臺幣 300 元

如何購買本書：

1. 轉帳購書，請透過以下帳戶
　 合作金庫銀行　古亭分行
　 戶名：萬卷樓圖書股份有限公司
　 帳號：0877717092596

2. 網路購書，請透過萬卷樓網站
　 網址 WWW.WANJUAN.COM.TW

大量購書，請直接聯繫我們，將有專人為您
服務。客服：(02)23216565 分機 610

如有缺頁、破損或裝訂錯誤，請寄回更換
版權所有·翻印必究
Copyright©2016 by WanJuanLou Books CO., Ltd.
All Right Reserved　　　**Printed in Taiwan**

國家圖書館出版品預行編目資料

江西通史 秦漢卷 ／ 鍾啟煌主編. -- 初版. --
桃園市：昌明文化出版；臺北市：萬卷樓
發行, 2018.01
　 冊；　公分
ISBN 978-986-496-178-8(上冊：平裝). --
1.歷史 2.江西省
672.41　　　　　　　　　　　107001857

本著作物經廈門墨客知識產權代理有限公司代理，由江西人民出版社授權萬卷樓圖書
股份有限公司出版、發行中文繁體字版版權。
本書為金門大學華語文學系產學合作成果。　　　校對：陳裕萱／華語文學系二年級